STARK

TRAINING DEUTSCH

Annette Kliewer

Leseverstehen 7./8. Klasse

STARK

Bildnachweis
Umschlagbild: imago/Horst Rudel; S. 3: © Josef Muellek/Dreamstime.com; S. 7: Illustration von Noam Nadav, aus: Naomi Morgenstern: Die Tochter, die wir uns immer gewünscht haben. Die Geschichte von Marta. Hrsg. von Yad Vashem, Jerusalem 2008; S. 5: ullstein bild – TopFoto
S. 8: © Christopher Meder/Dreamstime.com; S. 11: © Domen Colja/Dreamstime.com;
S. 15: © Jack Simanzik – Photocase.com; S. 16: © by-studio – Fotolia.com;
S. 19: © Sergei Butorin/Dreamstime.com; S. 26: © Godfer/Dreamstime.com;
S. 30: © Marc Dietrich/Dreamstime.com; S. 31: © Robert Kneschke – Fotolia.com;
S. 33: © Patrick Hermans/Dreamstime.com; S. 35: © Mitchell Barutha/Dreamstime.com;
S. 37: © Uschi Hering/Dreamstime.com; S. 39: © pat fauve – Fotolia.com;
S. 40: © Phototom – Fotolia.com; S. 45: picture-alliance/dpa;
S. 47: © Elena Korenbaum/iStockphoto; S. 48: picture-alliance/dpa;
S. 50: © dancerP – Fotolia.com; S. 51: © Dreamstime Agency/Dreamstime.com;
S. 54: imago/biky S. 55: © Hannu Liivaar/Dreamstime.com; S. 58: © reiro – Fotolia.com;
S. 61: © IM-Schulz – Fotolia.com S. 62: © Lobke Peers/Dreamstime.com;
S. 65: © Gbphoto27/Dreamstime.com; S. 67: © Marios Tziortzis/Dreamstime.com;
S. 69: © Mlan61/Dreamstime.com; S. 71: picture-alliance/dpa;
S. 73: © Mandy Janke – Fotolia.com; S. 74: © Gregor Buir – Fotolia.com;
S. 76: © Alex Zarubin/Dreamstime.com; S. 80: © Ralf Kraft/Dreamstime.com;
S. 82: © TMakotra – Fotolia.com; S. 83: © Pieter Bregman – Fotolia.com;
S. 85: © Pawel Strykowski – Fotolia.com; S. 87: © Richard Cote – Fotolia.com;
S. 89: © GLUE STOCK – Fotolia.com; S. 97: Infografik: picture-alliance/Globus Infografik;
Bücherstapel: © by-studio – Fotolia.com; S. 99: picture-alliance/Globus Infografik;
S. 103: © Detlef – Fotolia.com; S. 105: picture-alliance/Globus Infografik;
S. 112: © oscity – Fotolia.com; S. 115: © by Rowohlt Verlag GmbH, Reinbek;
S. 117: © Spencer – Fotolia.com; S. 118: © Andrey Zyk – Fotolia.com;
S. 120: © Sergey Kolodnikov/Dreamstime.com; S. 123: © sg – Fotolia.com;
S. 124: © Weiqing Xia/Dreamstime.com; S. 127: © Emilia Stasiak – Fotolia.com;
S. 128: © by Carlsen Verlag GmbH; S. 130: © Info2me/Dreamstime.com;
S. 134: © Milan Kupresak/Dreamstime.com; S. 136: © Luis Louro/Dreamstime.com;
S. 139: © Stephane Larcher/Dreamstime.com; S. 140: © Ramona Heim – Fotolia.com;
S. 144: © Suprijono Suharjoto/Dreamstime.com

ISBN 978-3-86668-151-4

Inhalt

Autorin: Annette Kliewer

Vorwort an die Schüler

Liebe Schülerin, lieber Schüler,

kennst du das? Du liest einen Text und weißt am Ende doch nicht, worum es eigentlich geht oder was du zu Beginn gelesen hast. Zu ärgerlich!

Mit diesem Buch lernst du, flüssiger und genauer zu lesen, Texte leichter zu verstehen und wichtige Inhalte besser zu behalten – eine wichtige Grundlage für Prüfungen in allen Fächern.

Zunächst wird dir die grundlegende **Fünf-Schritt-Lesemethode** anhand eines Beispieltextes vorgestellt. Anschließend wirst du selbst mit verschiedenen Textsorten arbeiten, die dir in der Schule oder im Alltag begegnen können:

- **Literarische Texte:** Das sind lyrische Texte (Gedichte, Lieder, ...), epische Texte (Romane, Erzählungen, ...) und dramatische Texte (Theaterstücke).
- **Sachtexte:** Hier findest du einen Zeitungsausschnitt, einen Lexikonartikel, eine digitale Quelle (im Internet) und Ausschnitte aus drei Sachbüchern.
- **Gebrauchstexte:** Du lernst das gezielte Lesen von Rezepten, Ratgebertexten, Gebrauchsanweisungen und Bastelanleitungen.
- **Grafiken:** Auch Bilder sind eigentlich „Texte", die man „lesen" lernen muss. Du lernst Schaubilder, Kreis-, Säulen- und Kurvendiagramme kennen.
- Schließlich gibt es noch ein Kapitel zu **Texten**, die **besondere Anforderungen** an dich stellen. Das sind etwa Texte in einer Fremdsprache oder Texte, die du nicht liest, sondern hörst – etwa im Radio oder bei Hörbüchern.

Zu jedem Text findest du zunächst spielerische Übungen, die dir einen ersten Zugang ermöglichen und helfen, deine Lesegeschwindigkeit zu erhöhen. Mehr und mehr lernst du dann auch, seinen Inhalt zu verstehen.

In dem Kapitel **„Teste dein Können"** kannst du noch einmal alle gelernten Methoden und Techniken anwenden und deinen Lernfortschritt überprüfen.

Erst wenn du die Aufgaben zu einem Text bearbeitest hast, solltest du bei den **Lösungen** nachschlagen.

Ich wünsche dir viel Freude und Erfolg beim Üben und Lesen.

Annette Kliewer

Annette Kliewer

Vorwort an die Eltern

Liebe Eltern,

Lesen ist eine Kompetenz, die seit der PISA-Studie immer wieder eingefordert wird. **Lesekompetenz** braucht man für jedes Fach, nicht nur für den Deutschunterricht. Manche Schüler haben auch in der siebten Klasse noch keine positiven Erfahrungen mit dem Lesen gemacht, es fällt ihnen einfach noch schwer.

Da finden sich auf der einen Seite die „Buchstabensammler“, die so damit beschäftigt sind, die Lautgestalt der Wörter zu erlesen, dass sie gar nicht bei ihrem Sinn ankommen. Das Lesen ist mühsam und macht keinen Spaß. Auf der anderen Seite sind die „Kontextspekulanten“, die schneller lesen, aber ungenauer. Sie raten und überlesen wichtige Einzelheiten. Beide Lesertypen sind mit den Aufgaben in der Schule oft überfordert, bei denen sie **Texte gliedern, ihren Sinn verstehen, im Detail wiedergeben und zusammenfassen** sollen. Für die erste Gruppe finden sich in diesem Buch Übungen, mit denen der Schüler lernt, Wörter zu entziffern, ganze Sätze zu erfassen und sich einen Überblick über den gesamten Textzusammenhang zu verschaffen. Das können einfache Aufgaben zum Augenbewegungstraining sein oder zum Erweitern der Blickspanne, sie können dazu dienen, das Lesetempo zu erhöhen, oder aber sie regen an zum genauen, verlangsamten Lesen. Für die zweite Gruppe gibt es Aufgaben zum Erfassen des Sinns des jeweiligen Textes bzw. zum Detailverständnis auf der Satz- und Textebene. Die Übungen richten sich also sowohl an geübte wie an ungeübte Leser.

Ihr Kind muss das Buch nicht von vorne bis hinten durcharbeiten, vielmehr kann es auch von seinen eigenen Interessen ausgehen. Die Auswahl der Texte orientiert sich an den Freizeitinteressen von Jugendlichen. Besonders wichtig ist es, möglichst verschiedene Textsorten aufzugreifen, es finden sich **literarische Texte**, **Sach- und Gebrauchstexte** sowie **Grafiken**.

Grundlage für das Verständnis aller Texte sind die Techniken der **Fünf-Schritt-Lesemethode**, in die am Anfang des Buches eingeführt wird.

Achten Sie darauf, dass die **Lösungen** erst dann nachgeschlagen werden, wenn die Aufgaben fertig bearbeitet wurden. Ihnen und Ihrem Kind viel Erfolg!

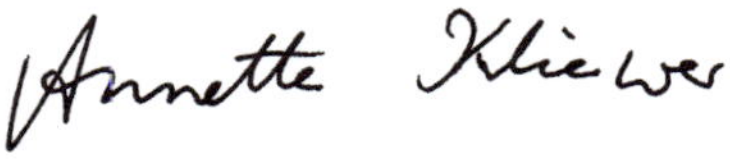

Annette Kliewer

Leseverstehen – Grundlagen

Lesetechniken: Die Fünf-Schritt-Lesemethode

Die Fünf-Schritt-Lesemethode umfasst eine Reihe von Lesetechniken, mit deren Hilfe du dir zunächst einen Überblick über einen Text verschaffst und dich ihm dann immer mehr näherst. Sie ist die wichtigste **Grundlage für die Arbeit mit allen Texten:** kurzen und langen, wirklichkeitsbezogenen und fantastischen, gefühlsbetonten und informationsbezogenen.

Die Fünf-Schritt-Lesemethode

Schritt 1: Vorwegnehmendes Lesen
- Vorwissen und Voreinstellung
- Erste Informationen über den Text

Schritt 2: Sich einen Überblick verschaffen
- Überfliegendes Lesen

Schritt 3: Detailinformationen erfassen
- Gliederung des Textes
- Schlüsselwörter finden
- Markieren des Textes
- Fragen zum Text entwickeln
- Schwierige Wörter klären

Schritt 4: Einzelne Abschnitte wiedergeben
- Gedanklichen Aufbau / Sinnabschnitte erkennen
- Wichtige Aussagen in eigene Worte fassen

Schritt 5: Ergebnis festhalten

Hinweis

Damit du dir genauer vorstellen kannst, wie man mit der Fünf-Schritt-Lesemethode arbeitet, wird sie dir hier anhand eines **Beispieltextes** vorgestellt.

Schritt 1: Vorwegnehmendes Lesen

Es kann sehr hilfreich für die Erschließung eines Textes sein, wenn du dir **vor dem Lesen** bewusst machst, was du schon über das Thema weißt. Dies kannst du in zwei Etappen tun. Am besten stellst du dir zunächst folgende Fragen:

Vorwissen und Voreinstellung

- Welches **Vorwissen zum Thema** des Textes hast du? Handelt es sich um ein Thema, mit dem du vertraut bist, oder hast du z. B. nur vage in den Nachrichten davon gehört?
- Was **erwartest** du? Hast du Lust, den Text zu lesen, oder eher nicht? Warum ist das so?
- **Warum** liest du den Text? Musst du Fragen dazu beantworten oder ihn zusammenfassen? Musst du ihn gliedern können? Wer hat dir den Text gegeben?
- Welche **Informationen** interessieren dich besonders? Suchst du gezielt nach bestimmten Informationen?

Du wirst feststellen, dass du bereits einiges über den Text weißt – und das, ehe du ihn überhaupt gelesen hast. Aber du kannst vor der eigentlichen Lektüre noch **mehr über den Text erfahren**. Mit den folgenden Fragestellungen gelingt dir das in relativ kurzer Zeit und mit wenig Aufwand:

Erste Informationen über den Text

- Welche Informationen erhältst du durch den **Titel**, durch **Zwischenüberschriften** oder durch die **Bebilderung** des Textes?
- Bei einem Buch: Was verrät der **Buchdeckel**, der **Klappentext**, das **Inhaltsverzeichnis**? Welchen Eindruck macht die **Einleitung** auf dich?
- Wirkt der Text auf den ersten Blick **lang** oder **kurz**, **schwierig** oder **einfach**?

Beispiel

Wenn du dir den Titel des folgenden Beispieltextes „Die Tochter, die wir uns immer gewünscht haben" (S. 5 ff.) ansiehst sowie den Vorspann überfliegst, kannst du dir dein Vorwissen zum Thema bewusst machen. Aufschlussreich ist auch das zugehörige Bild. Gründlich lesen sollst du den Beispieltext jedoch erst in Schritt 3.

Vorwissen und Voreinstellung

- Du hast vielleicht schon von der Verfolgung der Juden durch die Nationalsozialisten gehört. Die deutsche Armee hat 1939 Polen angegriffen und im Anschluss auch die dort lebenden Juden verfolgt. Viele Menschen wurden in Konzentrationslagern ermordet.
- Man erwartet aufgrund des Themas eine traurige Geschichte – zumindest eine Geschichte von der Bedrohung durch die Deutschen.

Erste Informationen über den Text

- Der Titel des Buches verrät erst einmal nichts über den geschichtlichen Hintergrund. Der Untertitel „Die Geschichte von Marta" lässt jedoch vermuten, dass es sich um eine wahre Lebensgeschichte handeln könnte. Der Titel des Kapitels, „Auf mich ist Verlass", deutet darauf hin, dass die Heldin Marta einer gefährlichen Situation ausgesetzt wird, in der sie sich bewähren muss. Aus dem geschichtlichen Zusammenhang könnte man folgern, dass es sich dabei um eine Situation handelt, in der sie als Jüdin entlarvt wird. Das Bild auf Seite 7 zeigt ein Kind, das in einem Gefängnis eingesperrt ist und zum Gitter schaut.

- Der Text ist sehr unmittelbar geschrieben und enthält viel wörtliche Rede. Das macht das Lesen interessanter. Etwas verwirrend sind für uns auf den ersten Blick die polnischen Namen.

Text

Die Tochter, die wir uns immer gewünscht haben – Die Geschichte von Marta

Kapitel: Auf mich ist Verlass (Auszug)

In diesem Text geht es um die 1935 in Polen geborene Jüdin Marta Sternschus. Ihre Eltern wurden von den Deutschen ermordet, die ihr Heimatland ab 1939 besetzten. Sie selbst konnte überleben, weil die polnische Familie Schultz sie in Warschau aufnahm und als christliches Mädchen ausgab. In „Die Tochter, die wir uns immer gewünscht haben" wird die Geschichte ihres Überlebens erzählt.

Eines Tages, als ich während dieser Winterferien zu Hause saß, klopfte es heftig an der Tür. Zwei deutsche Soldaten standen im Flur. In weniger als einer Stunde waren wir alle – Anna und Joseph Schultz, Lydka, Frau Czaplinska und ich – im deutschen Gestapo-Hauptquartier der Stadt. Wir wurden in einen Raum geführt. Hinter einem großen Holztisch saß ein deutscher Offizier, neben ihm ein polnischer Polizist. „Herr Schultz", sagte der Offizier, und der Polizist übersetzte aus dem Deutschen ins Polnische. „Wir haben gute Gründe, anzunehmen, dass dieses Mädchen", und dabei zeigte er auf mich, „eine Jüdin ist. Was haben Sie zu Ihrer Verteidigung zu sagen?“ „Unsinn!“, sagte Frau Czaplinska wütend.

„Ruhe! Sie hat niemand gefragt!“, sagte der polnische Polizist und Frau Czaplinska schürzte ihre Lippen. „Reden Sie!“, sagte der Polizist zu Herrn Schultz. Herr Schultz ging zum Tisch, zog seine Brieftasche hervor, nahm ein Zertifikat heraus und sagte: „Dieses Kind ist die Nichte meiner Frau. Sie heißt Krystyna Gryniewicz und ist auf dem Land geboren. Hier ist der Taufschein, den wir von dem Dorfpriester erhalten haben. Glauben Sie, ein Priester würde einen Taufschein auf ein jüdisches Kind ausstellen?“ „Wir stellen hier die Fragen“, fuhr der Polizist Herrn Schultz an und übersetzte, was er gesagt hatte. Herr Schultz bat seine Frau um ihren Ausweis. „Sehen Sie“, sagte er. „Hier steht der Geburtsname meiner Frau. Gryniewicz. Verstehen Sie, mein Herr? Krystyna Gryniewicz ist die Tochter des Bruders meiner Frau.“ Wieder übersetzte der Polizist für den Offizier und beide prüften die Dokumente. Nachdem sie sich beide auf deutsch kurz abgesprochen hatten, richtete sich der Polizist auf und sagte: „Ihr könnt nachhause gehen. Das Mädchen bleibt zum weiteren Verhör hier.“

Frau Czaplinska hielt meine Hand fest. Der Polizist trat auf uns zu und sagte: „Komm mit mir.“ Frau Czaplinska tat einen Schritt, als würde sie mit mir mitgehen.

„Nur das Mädchen!“, sagte der Polizist streng und Frau Czaplinska ließ meine Hand los. Ich wurde in einen anderen Raum gebracht. Ich saß auf einem Stuhl und wartete. Ein anderer Polizist kam in den Raum und fragte: „Wie heißt du?“, und ich antwortete: „Krystyna Gryniewicz, und ich bin die Nichte von Frau Schultz.“

„Bist du sicher? Vielleicht hast du einen anderen Namen?“

„Ich heiße Kryschia.“

„Ich meine nicht deinen Kosenamen, sondern einen anderen Namen“, sagte der Polizist, der mich vernahm, mit lauterer Stimme, um mich einzuschüchtern.

„Welchen Namen meinen Sie?“, fragte ich mit gespielter Unschuld. „Was betest du in der Kirche?“, fuhr er mich an.

„Ich singe gerne“, sagte ich und fing an, den Choral zu singen, den der Chor beim Gottesdienst gesungen hatte. „Und warum bist du nach Warschau gekommen?“ Jetzt erfand ich eine ganze Geschichte: Meine Mutter war krank, mein Vater versuchte ständig, Medikamente für sie aufzutreiben, meine Brüder würden überhaupt nicht helfen und nur herumlungern, mein ältester Bruder sei oft betrunken und mein Vater hielt das nicht mehr länger aus. Und ich fügte hinzu: „Tante Anna ist uns besuchen gekommen und sah, was vor sich ging. Sie schlug Vater vor, mich nach Warschau mitzunehmen. Ich wollte nicht gehen, aber Vater bat mich sehr und so bin ich mit Tante Anna mitgekommen.“ Der Polizist verließ das Zimmer. Er

kam erst gegen Abend des nächsten Tages zurück. In seiner Hand hielt er ein Brötchen mit einer gewürzten Wurst. „Gib zu, dass du Jüdin bist, dann geb’ ich dir zu essen“, befahl er. Ich hatte seit zwei Tagen nichts gegessen und war hungrig.

„Ich habe keinen Appetit und ich esse nicht außerhalb von zuhause. Frau Czaplinska erlaubt das nicht.“ „Wer ist Frau Czaplinska?“ fragte der Polizist böse. „Ich gebe hier die Befehle!“ Ich verschränkte meine Hände hinter dem Rücken. Der Polizist veränderte plötzlich den Tonfall und sagte mit sanfter, schmeichelnder Stimme: „Sicher bist du schrecklich hungrig. Sag mir, wer du bist, und ich geb' dir dieses leckere Brötchen mit der Wurst." „Frau Czaplinska ist mein Kindermädchen und ich tue alles, was sie mir sagt. Ich werde die Wurst nicht essen, ehe sie mir nicht sagt, dass ich sie essen soll." Wütend warf der Polizist das Brötchen auf den Boden und ging nach draußen. Ich war sehr hungrig, aber ich wagte es nicht, das Brötchen anzurühren. Ich wollte, dass sie mir glauben, ich sei Krystyna Gryniewicz. Ausgezehrt von all der Spannung und Erschöpfung, schlief ich auf dem Fußboden ein und schlief bis zum nächsten Morgen. Am Morgen teilte mir der Polizist mit, dass ich entlassen sei, und schickte mich nachhause. Ich trat auf die Straße. Ich hatte kein Geld bei mir, aber ich nahm trotzdem die elektrische Straßenbahn nachhause. Als ich zur Türe herein trat, rannte Frau Czaplinska auf mich zu. Sie umarmte und küsste mich. Herr Schultz begrüßte mich mit einem breiten Lächeln und sagte: „Ich wusste, dass wir uns auf dich verlassen können. Ich bin sehr stolz auf dich!"

Morgenstern, Naomi: Die Tochter, die wir uns immer gewünscht haben. Die Geschichte von Marta. Yad Vashem Gedenkstätte für Holocaust und Heldentum Jerusalem 2008, S. 53–57.

Schritt 2: Sich einen Überblick verschaffen

Nun beschäftigst du dich eingehender mit dem Text, untersuchst ihn jedoch noch nicht genau. Vielmehr verschaffst du dir durch **überfliegendes Lesen** einen ersten Überblick. Achte dabei vor allem auf Textpassagen, die **verdichtete Informationen** bieten: Überschriften, Zwischenüberschriften, Hervorhebungen durch Kursiv- oder Fettdruck. Auch den ersten und den letzten Satz eines Textes solltest du besonders berücksichtigen. Überfliege den Text **von Anfang bis Ende**, auch wenn du noch nicht alles verstehst. Versuche im Anschluss, folgende Fragestellungen zu beantworten:

Einen Text überfliegen

- Worum geht es in diesem Text in der Hauptsache?
  Was ist sein **Thema**/seine Fragestellung/seine **Aussageabsicht**?
- Entspricht der Text deinen **Erwartungen**?
- Nützen dir seine Informationen etwas?
- Ist sein **Niveau** angemessen/zu hoch/zu niedrig?

Beispiel

Durch überfliegendes Lesen kannst du aus dem Beispieltext (S. 5 ff.) bereits folgende Informationen gewinnen:

- Marta wird von der Gestapo gefangen genommen. Den Soldaten gelingt es aber nicht, zu beweisen, dass sie eine Jüdin ist. Daher wird sie nach einigen Tagen wieder freigelassen. Es handelt sich also tatsächlich um eine sehr gefährliche Situation, die Marta mit Hilfe der Familie Schultz aber bewältigt.
- Die ersten Sätze deuten die Bedrohungslage an: „Eines Tages, als ich während dieser Winterferien zu Hause saß, klopfte es heftig an der Tür. Zwei deutsche Soldaten standen im Flur." Die letzten Sätze von Frau Czaplinska verweisen darauf, dass die Gefahr überstanden ist: „Ich wusste, dass wir uns auf dich verlassen können. Ich bin sehr stolz auf dich!"
- Beim Überfliegen des Textes werden folgende Handlungsschritte deutlich:
  - Marta und ihre Familie werden abgeholt.
  - Ein deutscher Offizier verhört sie, ein polnischer übersetzt.
  - Im Gespräch scheint Frau Czaplinska immer wieder ungehalten dazwischen zu reden und wird deshalb mehrmals von dem Polizisten zurechtgewiesen.
  - Auch nachdem Marta allein gelassen wurde, spielt diese Frau eine große Rolle. Das Mädchen bezieht sich auf sie und sagt, sie dürfe nichts essen, weil Frau Czaplinska es ihr verboten habe. Schließlich kommt Marta frei.
  - Die Erzählung endet mit dem Empfang Martas durch Frau Czaplinska.
- Weniger hilfreich sind in diesem Text die Abschnitte. Sie sind eher zufällig gesetzt und zeigen keine neuen Handlungsabschnitte an.
- Der Text ist aus der Perspektive Martas geschrieben, die einerseits lebendig die Gespräche mit dem Offizier schildert, andererseits aber auch kleine Kommentare einfügt, um dem Leser die Situation zu verdeutlichen („fragte ich mit gespielter Unschuld", Z. 48 f.; „Jetzt erfand ich eine ganze Geschichte.", Z. 52 f.; „Ich wollte, dass sie mir glauben, ich sei Krystyna Gryniewicz.", Z. 81 f.). Der Text ist dadurch gut verständlich und interessant zu lesen.

Schritt 3: Detailinformationen erfassen

Gliederung des Textes

Wenn du den Text abschnittsweise liest, wirst du erkennen und nachvollziehen können, wie er untergliedert ist. Gliederungssignale und Strukturwörter, sogenannte **Gelenkstellen**, helfen dir dabei. Gerade bei schwierigen Texten ist es hilfreich, diese Gelenkstellen zu untersuchen.

Signalwörter: Gelenkstellen

- **Reihenfolge der Wichtigkeit:** zuerst; an erster Stelle; außerdem; darüber hinaus; schließlich; nicht zuletzt; im ersten/im zweiten Fall; auch; ferner
- **Zeitliche Reihenfolge:** zunächst einmal; seitdem; damals; Monate später; seit 1989; vor ... Jahren; solange; bevor; nachdem; während; als
- **Gegensatz:** einerseits/andererseits; aber (auch); jedoch; hingegen; während; zum einen/zum anderen; keineswegs/sondern; nicht etwa/vielmehr
- **Absicht/Ziel:** um ... zu; damit; dass
- **Bedingung:** wenn; falls; sei es, dass; im Falle, dass
- **Grund:** da; weil; denn; daher; darum
- **Einschränkung:** obwohl; trotzdem; allerdings; wenn auch; während; trotz
- **Folge:** sodass; so ..., dass; das hat zur Folge, dass; also
- **Aufzählung/Reihung:** und; sowie
- **Vergleich:** ebenso ... wie; so ... als ob; als
- **Alternative:** (entweder) oder; sei es, dass ..., oder sei es, dass ...
- **Nähere Ausführungen zum schon Gesagten:** im Einzelnen; genauer; wobei; beispielsweise; z. B.
- **Ortsangaben:** hier; dort; neben; vor; hinter; zu; nach; in

Tipp

Auch ein **Doppelpunkt** kann auf **genauere Ausführungen** zum Sachverhalt hinweisen.

Beispiel

Im Beispieltext (S. 5 ff.) findest du folgende Gelenkstellen:

- „Eines Tages“ (Z. 1), „In weniger als einer Stunde“ (Z. 3), „Nachdem“ (Z. 30), „Jetzt“ (Z. 52), „seit zwei Tagen“ (Z. 66), „bis zum nächsten Morgen“ (Z. 83 f.), „Am Morgen“ (Z. 84) **(zeitliche Reihenfolge)**
- „im Flur“ (Z. 3), „im deutschen Gestapo-Hauptquartier“ (Z. 5), „in einen Raum“ (Z. 6), „Hinter einem großen Holztisch“ (Z. 6 f.), „neben ihm“ (Z. 7), „zum Tisch“ (Z. 17), „Hier“ (Z. 20), „nach Hause“ (Z. 32), „hier“ (Z. 33), „in

einen anderen Raum“ (Z. 38 f.), „auf einem Stuhl“ (Z. 39), „das Zimmer“ (Z. 62), „außerhalb von zuhause“ (Z. 68 f.), „auf den Boden“ (Z. 79), „nach draußen“ (Z. 79), „auf dem Fußboden“ (Z. 83), „nachhause“ (Z. 86 f.), „auf die Straße“ (Z. 86), „zur Türe herein“ (Z. 88) **(Ortsangaben)**

Schlüsselwörter finden

Für ein genaues Verständnis kann es auch hilfreich sein, die wichtigsten Schlüsselwörter in einem Text herauszufinden. Wenn du diese unterstreichst, hast du schon ein **Raster für das Verständnis** des Textinhalts.

Beispiel

Schlüsselwörter des Beispieltextes sind z. B.:
Soldaten (Z. 2), deutscher Offizier (Z. 7), polnischer Polizist (Z. 7 f.), Verteidigung (Z. 12), Zertifikat (Z. 18), Taufschein (Z. 20), Verhör (Z. 33), erfand ich (Z. 53), hungrig (Z. 67), Fußboden (Z. 83), nachhause (Z. 87), stolz (Z. 92)

Markieren des Textes

Wenn du beim Durchlesen **wichtige Informationen** markierst und/oder kommentierst, findest du sie in einem späteren Arbeitsschritt schneller wieder. Außerdem helfen Markierungen, den **Text** zu **strukturieren**. Einzelne Wörter oder Sätze kannst du **direkt im Text** markieren. Wenn du eine ganze Passage hervorheben möchtest, kennzeichnest du sie am besten **am Rand**, damit das Ganze nicht unübersichtlich wird. Hilfreich sind folgende Strategien:

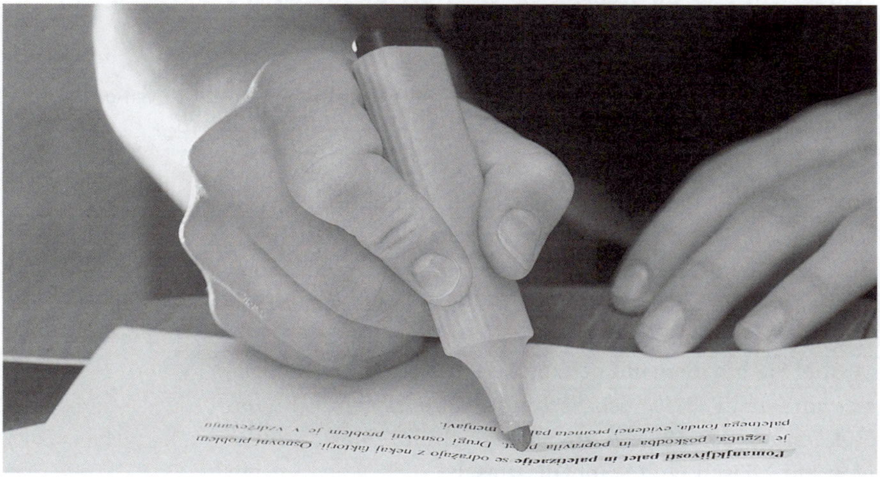

Texte markieren

- Hervorheben einzelner Begriffe durch **Einkreisen/Einkästeln**
- Markieren durch **Zeichen am Rand:**

!	wichtig	Def.	Definition	Lit.	Verweis auf weitere Quellen/Literatur
!!	besonders wichtig	s. o.	siehe oben		
?	unverständlic	s. u.	siehe unten	→	Bezüge im Text
Zit.	wichtiges Zitat	Bsp.	Beispiel	<–>	Gegensätze im Text

- **Nummerieren** von Gedanken, Argumenten, Handlungsschritten usw.
- Kennzeichnen durch einzelne **Kommentare am Rand** (auch spontane Reaktionen auf den Text, wie ☺, ☹, „Blödsinn!“, „super!“ usw.)

Tipp

Verwende zum Markieren verschiedene **Farben** und beschränke dich auf das **Wichtigste**! Nimm dir z. B. vor, dass du in einem Text nur die fünf wichtigsten Informationen unterstreichst. Der Text soll **übersichtlich** bleiben.

Beispiel

Im Beispieltext kannst du z. B. die gerade handelnden Figuren unterstreichen, damit du siehst, wer jeweils was tut. Wichtig sind auch die Lügengeschichten von Herrn Schultz und Marta sowie die Äußerungen, in denen die aggressive Grundhaltung Gestapo-Leute deutlich wird:

Die Tochter, die wir uns immer gewünscht haben

Ablauf

1. Abtransport

Eines Tages, als ich während dieser Winterferien zu Hause saß, klopfte es heftig an der Tür. Zwei deutsche Soldaten standen im Flur. In weniger als einer Stunde waren wir alle – Anna und Joseph Schultz, Lydka, Frau Czaplinska und ich – im deutschen Gestapo-Hauptquartier der Stadt.

2. Verhör

Herr Schultz

Wir wurden in einen Raum geführt. Hinter einem großen Holztisch saß ein deutscher Offizier, neben ihm ein polnischer Polizist. „Herr Schultz“, sagte der Offizier, und der Polizist übersetzte aus dem Deutschen ins Polnische. „Wir haben gute Gründe, anzunehmen, dass dieses Mädchen“, und dabei zeigte er auf mich, „eine Jüdin ist. Was haben Sie zu Ihrer Verteidigung zu sagen?“ „Unsinn!“, sagte Frau Czaplinska wütend.

Aufbegehren Frau Czaplinskas

„Ruhe! Sie hat niemand gefragt!“, sagte der polnische Polizist und Frau Czaplinska schürzte ihre Lippen. „Reden Sie!“, sagte der Polizist zu Herrn Schultz. Herr Schultz ging zum Tisch, zog seine Brieftasche hervor, nahm ein

Zertifikat heraus und sagte: „Dieses Kind ist die Nichte meiner Frau. Sie heißt Krystyna Gryniewicz und ist auf dem Land geboren. Hier ist der Taufschein, den wir von dem Dorfpriester erhalten haben. Glauben Sie, ein Priester würde einen Taufschein auf ein jüdisches Kind ausstellen?“ „Wir stellen hier die Fragen“, fuhr der Polizist Herrn Schultz an und übersetzte, was er gesagt hatte. Herr Schultz bat seine Frau um ihren Ausweis. „Sehen Sie“, sagte er. „Hier steht der Geburtsname meiner Frau. Gryniewicz. Verstehen Sie, mein Herr? Krystyna Gryniewicz ist die Tochter des Bruders meiner Frau.“ Wieder übersetzte der Polizist für den Offizier und beide prüften die Dokumente. Nachdem sie sich beide auf deutsch kurz abgesprochen hatten, richtete sich der Polizist auf und sagte: „Ihr könnt nach Hause gehen. Das Mädchen bleibt zum weiteren Verhör hier.“

Lügengeschichte 1 falscher Name

Lügengeschichte 1

Frau Czaplinska hielt meine Hand fest. Der Polizist trat auf uns zu und sagte: „Komm mit mir.“ Frau Czaplinska tat einen Schritt, als würde sie mit mir mitgehen.

Aufbegehren Frau Czaplinskas

„Nur das Mädchen!“, sagte der Polizist streng und Frau Czaplinska ließ meine Hand los. Ich wurde in einen anderen Raum gebracht. Ich saß auf einem Stuhl und wartete. Ein anderer Polizist kam in den Raum und fragte: „Wie heißt du?“, und ich antwortete: „Krystyna Gryniewicz, und ich bin die Nichte von Frau Schultz.“

3. Verhör Marta

„Bist du sicher? Vielleicht hast du einen anderen Namen?“

„Ich heiße Kryschia.“

„Ich meine nicht deinen Kosenamen, sondern einen anderen Namen“, sagte der Polizist, der mich vernahm, mit lauterer Stimme, um mich einzuschüchtern.

„Welchen Namen meinen Sie?“, fragte ich mit gespielter Unschuld. „Was betest du in der Kirche?“, fuhr er mich an.

„Ich singe gerne“, sagte ich und fing an, den Choral zu singen, den der Chor beim Gottesdienst gesungen hatte.

„Und warum bist du nach Warschau gekommen?“ Jetzt erfand ich eine ganze Geschichte: Meine Mutter war krank, mein Vater versuchte ständig, Medikamente für sie aufzutreiben, meine Brüder würden überhaupt nicht helfen und nur herumlungern, mein ältester Bruder sei oft

Lügengeschichte 2

Lügengeschichte 2

betrunken und mein Vater hielt das nicht mehr länger aus. Und ich fügte hinzu: „Tante Anna ist uns besuchen gekommen und sah, was vor sich ging. Sie schlug Vater vor, mich nach Warschau mitzunehmen. Ich wollte nicht gehen, aber Vater bat mich sehr und so bin ich mit Tante Anna mitgekommen.“ Der Polizist verließ das Zimmer.

4. Bestechungsversuch

Er kam erst gegen Abend des nächsten Tages zurück. In seiner Hand hielt er ein Brötchen mit einer gewürzten Wurst. „Gib zu, dass du Jüdin bist, dann geb’ ich dir zu essen“, befahl er. Ich hatte seit zwei Tagen nichts gegessen und war hungrig.

(indirektes) Aufbegehren Frau Czaplinskas

„Ich habe keinen Appetit und ich esse nicht außerhalb von zuhause. Frau Czaplinska erlaubt das nicht.“ „Wer ist Frau Czaplinska?“ fragte der Polizist böse. „Ich gebe hier die Befehle!“ Ich verschränkte meine Hände hinter dem Rücken. Der Polizist veränderte plötzlich den Tonfall und sagte mit sanfter, schmeichelnder Stimme: „Sicher bist du schrecklich hungrig. Sag mir, wer du bist und ich geb’ dir dieses leckere Brötchen mit der Wurst.“ „Frau Czaplinska ist mein Kindermädchen und ich tue alles, was sie mir sagt. Ich werde die Wurst nicht essen, ehe sie mir nicht sagt, dass ich sie essen soll.“ Wütend warf der Polizist das Brötchen auf den Boden und ging nach draußen. Ich war sehr hungrig, aber ich wagte es nicht, das Brötchen anzurühren. Ich wollte, dass sie mir glauben, ich sei Krystyna Gryniewicz.

Martas Verdienst

Ausgezehrt von all der Spannung und Erschöpfung, schlief ich auf dem Fußboden ein und schlief bis zum nächsten Morgen.

5. Rückkehr

Am Morgen teilte mir der Polizist mit, dass ich entlassen sei und schickte mich nachhause. Ich trat auf die Straße. Ich hatte kein Geld bei mir, aber ich nahm trotzdem die elektrische Straßenbahn nachhause.

6. Ankunft zu Hause

Als ich zur Tür herein trat, rannte Frau Czaplinska auf mich zu. Sie umarmte und küsste mich. Herr Schultz begrüßte mich mit einem breiten Lächeln und sagte: „Ich wusste, dass wir uns auf dich verlassen können. Ich bin sehr stolz auf dich!“

Morgenstern, Naomi: Die Tochter, die wir uns immer gewünscht haben. Die Geschichte von Marta. Yad Vashem Gedenkstätte für Holocaust und Heldentum Jerusalem 2008, S. 53–57.

Fragen zum Text entwickeln

Fragen zum Text sind eine gute Möglichkeit, um gezielt **Informationen herauszufiltern**, aber auch, um zu **überprüfen**, ob man den **Text verstanden** hat. Folgende Fragestellungen können dir dabei helfen:

Fragen zum Text

- **Die W-Fragen**
  Wer? Wann? Wie? (Mit welchen Folgen?)
  Was? Wo? Warum?
- **Problem-Fragen**
  (Diese Fragen eignen sich vor allem für Texte, die eine **Meinung** wiedergeben.)
  – Worin besteht das **Problem**?
  – Wodurch wird es **verursacht**?
  – Wie wird es **gelöst**?
- **Themenbezogene Fragen**
  – Was ist eigentlich das **Thema**?
  – Welche **Aussagen** werden dazu gemacht?
  – Welche besonderen **Einstellungen** und **Absichten des Autors** zum Thema werden deutlich?

Tipp

Gehe bei den Fragen auch wieder an den Anfang zurück: Bringt dir der Text **neue Informationen** im Vergleich zu dem Wissen, das du schon vorher hattest?

Beispiel

Zum Beispieltext „Die Tochter, die wir uns immer gewünscht haben" kannst du folgende Fragen entwickeln:

W-Fragen:

- **Was ereignet sich im Gestapo-Hauptquartier in Warschau?**
  Marta wird überprüft, weil man meint, sie sei eine Jüdin.
- **Wann wird Marta wieder entlassen?**
  Sie wird nach drei Tagen wieder entlassen.
- **Warum wird Marta festgehalten?**
  Man hofft, dass sie sich selbst verrät.
- **Wo wird Marta festgehalten?**
  Sie wird allein in einem Zimmer mit Stuhl, aber ohne Bett festgehalten.

- **Wie versucht man, Marta zu beeinflussen?**
  Man verspricht ihr ein Brötchen, wenn sie zugibt, dass sie Jüdin ist.
- **Wer verhört Marta?**
  Ein polnischer Polizist verhört sie.
- **Welche Folgen hat Martas Standhaftigkeit?**
  Sie wird wieder freigelassen.

Themenbezogene Frage:

- **Wie stellt der Text die Rettung eines jüdischen Mädchens dar?**
  Wie der Text zeigt, war es möglich, dass Juden die Zeit des Nationalsozialismus überlebten, wenn sie Retter fanden und selbst keine Fehler vor ihren Feinden machten. Dabei unterscheiden sich die Verhaltensweisen der Helfer deutlich: Herr Schultz zeigt sehr ruhig und besonnen dem Gestapo-Offizier die Papiere und erklärt ihm, dass Marta ein polnisches, christliches Mädchen sei (Z. 18 ff.). Frau Czaplinska hingegen reagiert „wütend" (Z. 13) und eher unbesonnen und wird von dem Polizisten auch zweimal zurechtgewiesen. Für Marta spielt sie aber eine wichtige Rolle, um durchhalten zu können.

Schwierige Wörter klären

Mit den bisher gezeigten Methoden hast du bereits eine Reihe von Detailinformationen erfasst. Dennoch gibt es vielleicht noch einige unverständliche Wörter im Text. Das können **Fremdwörter** sein, **veraltete Begriffe** oder einfach Wörter, die wir im Alltag nicht ständig verwenden. Schlage diese Begriffe aber nur dann in einem Lexikon nach, wenn du sie nicht aus dem Kontext erschließen kannst. Alternativ kannst du auch deinen Lehrer fragen oder im Internet nach einer Erklärung für die Wörter suchen.

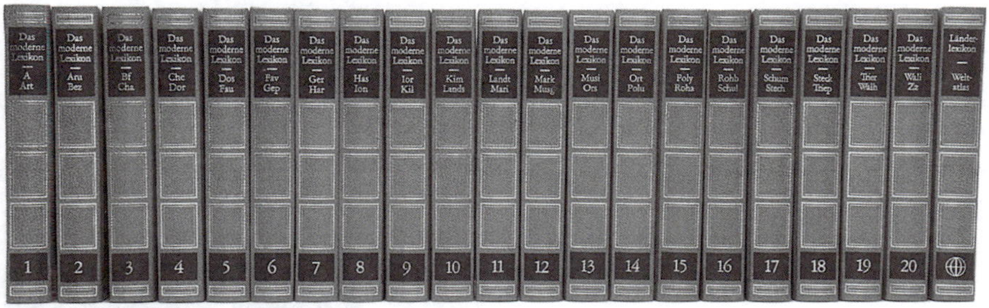

Beispiel

Im Beispieltext „Die Tochter, die wir uns immer gewünscht haben" sollten vor allem die Begriffe „Gestapo" (Z. 5), „Zertifikat" (Z. 18) und „Taufschein" (Z. 22) geklärt werden.

Gestapo: Abkürzung für „Geheime Staatspolizei"; die von den Nationalsozialisten geschaffene Polizeiorganisation zur Bekämpfung politischer Gegner. Nach Beginn des Zweiten Weltkrieges wurde diese „Polizei" auch in den besetzten Gebieten eingesetzt, meist zur „Gegnerbekämpfung", d. h. um politische Feinde oder versteckte Juden zu finden.

Zertifikat: Bescheinigung; hier handelt es sich wohl um eine gefälschte Geburtsbescheinigung, die beweisen soll, dass Marta tatsächlich Krystyna Gryniewicz ist.

Taufschein: Jedes christliche Kind erhält nach der Taufe einen Taufschein. Auch dieser wurde, offenbar von einem Priester, gefälscht, um zu beweisen, dass Marta, oder besser: Krystyna Christin ist.

Schritt 4: Einzelne Abschnitte wiedergeben

Gehe im nächsten Schritt den Text genau durch und versuche, am Ende eines Sinnabschnitts die **wichtigsten Aussagen** schriftlich festzuhalten. Dabei solltest du darauf achten, dass du diese **mit eigenen Worten** formulierst. Denn dadurch behältst du den Inhalt besser und merkst auch gleich, wenn du etwas noch nicht ganz verstanden hast.

Um die Aussagen der einzelnen Sinnabschnitte erfassen zu können, ist es zunächst wichtig, dass du dir den **gedanklichen Aufbau** des Textes klarmachst. Mit Ausnahme von Gedichten oder Texten, die weder eine Handlung erzählen noch eine Argumentation entwickeln, gibt es für die meisten Texte zwei mögliche Aufbauarten:

- Es werden zwei verschiedene, meist gegensätzliche Sichtweisen auf das Thema gegenübergestellt: Pro – Kontra; positiv – negativ; früher – heute; These – Gegenthese usw.
- Das Geschehen wird seinem Ablauf gemäß dargestellt: Problem – Ursache – Lösung oder chronologische Abfolge („Dann passierte …, dann …").

Es ist ziemlich wahrscheinlich, dass ein Text, den du lesen musst, nach einer dieser Arten aufgebaut ist. Wenn du also die Grundstruktur erfasst hast, solltest du die bisher erarbeiteten Inhalte der einzelnen Abschnitte festhalten. Dafür gibt es verschiedene Möglichkeiten. Du wirst mit der Zeit einschätzen können, welche Methoden dir bei deinem jeweiligen Text am meisten weiterhelfen.

Inhalte wiedergeben

- **Zusammenfassung in einer Tabelle:** Der Inhalt lässt sich oft in einer vergleichenden Tabelle erfassen – z. B. „Vorher/Nachher", „Position 1 gegen Position 2", „Argument 1 gegen Argument 2" usw.
- **Nacherzählung:** Stell dir dabei vor, du würdest den Text einer Person erzählen, die ihn nicht kennt.
- **Zwischenüberschriften formulieren:** Fasse das Gelesene nach jedem längeren Abschnitt in einer kurzen Überschrift zusammen.
- **Spickzettel anlegen:** Gib die Inhalte des Textes auf einem kleinen Spickzettel wieder. Du hast nicht sehr viel Platz, möchtest aber so viel wie möglich daraufschreiben!
- Verbildlichung eines Abschnitts in einem **Schaubild** oder einer **Mindmap:**
  - Fasse den Inhalt des Textes in einem Bild zusammen.
    Überlege dir, welche Worte du durch **Symbole** darstellen kannst.
  - Besonders hilfreich sind Pfeile oder die folgenden Zeichen: = ≠ + –

Tipp

Eine **Mindmap** (engl.: Gehirn-Landkarte) ist aufgebaut wie ein Baum mit verschiedenen Ästen, von denen wieder Zweige abgehen können. Anregungen für eine Mindmap findest du in „Microsoft Word" unter „Einfügen/Diagramme".

Beispiel

Beim Beispieltext „Die Tochter, die wir uns immer gewünscht haben" eignen sich z. B. Mindmaps sehr gut, um die gezeigten Inhalte darzustellen:

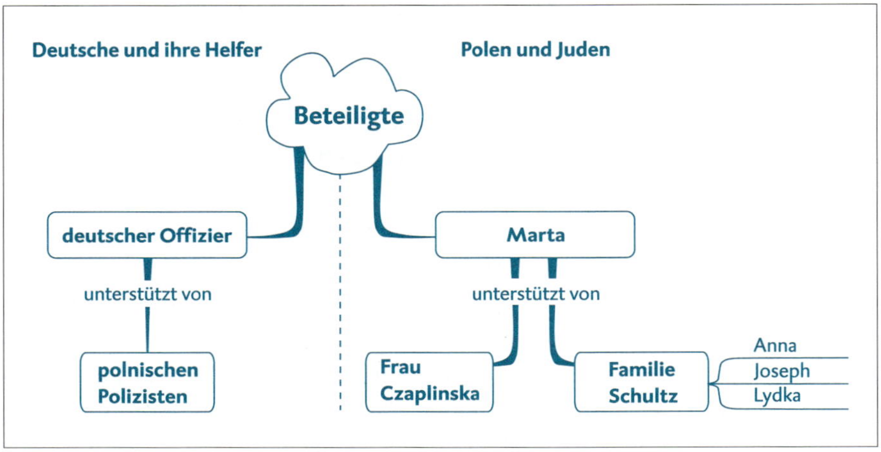

Schritt 5: Ergebnis festhalten

In einem **abschließenden Rückblick** sichtest du noch einmal deine ganzen Notizen. Am besten **fasst** du sie **in einem kleinen Text zusammen**. Besonders berücksichtigen solltest du dabei die folgenden Fragestellungen:

Kontrollfragen zur Ergebnissicherung

- Sind wirklich alle Informationen des Textes **richtig wiedergegeben**?
- Gibt es **Widersprüche**?
- Wurden alle **Ausgangsfragen** beantwortet?
- Zu welchem **Ergebnis** gelangt die Autorin/der Autor?

Beispiel

Die Ergebnissicherung des Beispieltextes könnte so aussehen:

Naomi Morgenstern schildert in einer spannenden Erzählung, wie Krystyna Gryniewicz, die eigentlich Marta Sternschus heißt, beinahe von der Gestapo enttarnt wird. Einerseits haben Krystynas Retter alles vorbereitet, um die Gestapo von ihrer neuen Rolle als polnische Christin zu überzeugen (Zertifikat, Taufschein, aber auch das Einüben christlicher Choräle und Vorbereitung der Lügengeschichte). Andererseits zeigt sich aber, dass Krystyna schon als kleines Mädchen willensstark genug ist, sich nicht von den Verlockungen des Offiziers hereinlegen zu lassen. Besonders auffällig in der Gestaltung der Szene ist der brutale Ton, mit dem sowohl der Offizier als auch der polnische Polizist auf alles reagieren, was ihnen missfällt. Mehrmals betonen sie, dass nur sie allein befehlen dürften und die anderen gehorchen müssten. Letzten Endes hat Marta aber auch einfach Glück, dass man sie nicht länger festhält.

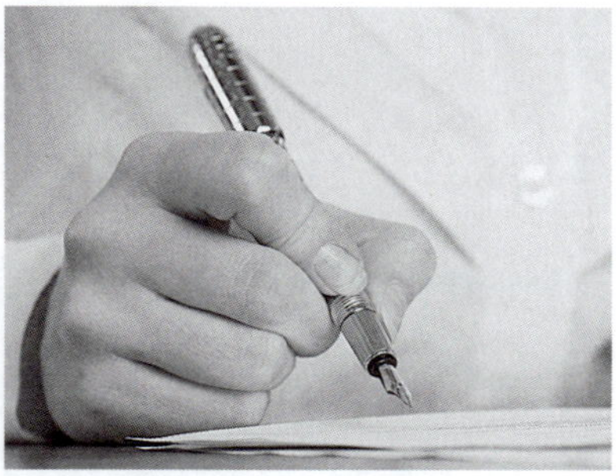

Tipp

Die **Fünf-Schritt-Lesemethode** ist ein guter Leitfaden für die Arbeit mit **allen Texten** dieses Buches. Greife deshalb immer wieder auf sie zurück.

Leseverstehen – Training

Literarische Texte

Sachtexte werden in allen Schulfächern gelesen, literarische Texte dagegen in der Regel nur im Deutsch- oder Fremdsprachenunterricht. Dabei unterscheidet man zwischen drei Gattungen: **Lyrische Texte** (Gedichte, Lieder, Albumsprüche, Reime in der Werbung), **epische Texte** (Romane, Erzählungen, Kurzgeschichten) und **dramatische Texte** (Theaterstücke, Spielszenen, Sketche).
Da literarische Texte meist nicht einfach die Wirklichkeit wiedergeben, sondern der **Fantasie** des Autors entspringen, muss man sie **deuten**. Dabei ergeben sich Fragen, die man an einen Sachtext seltener stellt: Gibt es etwas, das der Autor betont oder verschweigt und warum tut er das? Verwendet er einen besonderen Sprachstil und wenn ja, was erreicht er damit? Im Folgenden erfährst du, wie du Texte der verschiedenen Gattungen untersuchen kannst.

1 Lyrische Texte

Viele meinen, es gebe heute kaum mehr lyrische Texte. Aber auch in unserem Alltag kommen viele Gedichte vor: in den Songs der Rapper, in der Werbung, in Abzählversen, in Sprüchen an Schulklo-Türen usw.
Den „Einstieg“ in ein Gedicht zu finden, ist gar nicht so schwer. Lies dir den Text zunächst mehrmals durch. Möglicherweise verstehst du beim ersten oder zweiten Lesen nicht gleich alles. Das macht gar nichts.
Notiere gleich am Anfang **Fragen**, wenn etwas unklar bleibt. Diese kannst du dir später vornehmen, um zu sehen, ob du beim genaueren „Eintauchen“ in das Gedicht Antworten darauf gefunden hast. Auch der **Titel** kann Hinweise auf das Thema des Gedichts geben. Du solltest ihn daher immer besonders beachten.

Für eine vertiefte Auseinandersetzung mit einem Gedicht ist es besonders wichtig, dass du dir **Markierungen und Notizen** am Text machst. Sie erleichtern die Interpretation. Folgende Aspekte solltest du kennzeichnen:

- **Wer** kommt in dem Gedicht vor?
- **Wann** spielt das Gedicht?
- **Was** ist wirklich passiert und was ist nur ausgedacht?
- Welche **Gefühle** spielen eine Rolle (Liebe, Wut, Ärger, ...)?
- Was **passt** gut zusammen bzw. wo finden sich **Gegensätze**?

Das Besondere bei lyrischen Texten ist, dass es oft **nicht nur eine Antwort** auf diese Fragen gibt. Gedichte können meist auf unterschiedliche Weise interpretiert werden. **Belege** deine persönliche Antwort aber stets **am Text**.
Wenn du ein Gedicht genauer untersuchen sollst, musst du dir v. a. seine **Form** ansehen. Auf welche Punkte du dabei besonders achten musst, kannst du dem folgenden Merkkasten entnehmen.

Untersuchungsbereiche von Gedichten

- Wie viele **Strophen** hat das Gedicht?
- Aus wie vielen **Versen** besteht jede Strophe?
- Welches **Reimschema** liegt vor?
  - **Paarreim** (aa, bb, cc),
  - **Kreuzreim** (abab),
  - **umarmender Reim** (abba)
  - oder eine ganz andere Form?
- Wie würdest du den **Rhythmus** des Gedichts beschreiben?
  Langsam, getragen, holpernd, schnell voraneilend, tänzerisch, stockend …?
- Welches **Metrum** weist das Gedicht auf?
  - **Jambus:** unbetont – betont (Beispiel: Ver**stand**)
  - **Trochäus:** betont – unbetont (Beispiel: **Ta**sche)
  - **Daktylus:** betont – unbetont – unbetont (Beispiel: **Ach**terbahn)
  - **Anapäst:** unbetont – unbetont – betont (Beispiel: Harmo**nie**)
- Welche Besonderheiten kennzeichnen die **Sprache**?
  - Werden besondere **Bilder** oder **Vergleiche** verwendet, damit sich der Leser alles besser vorstellen kann (z. B. „blaues Band des Frühlings" statt „Himmel")?
  - Gibt es **Personifikationen**, werden also unbelebte Gegenstände so dargestellt, als seien sie Menschen (z. B. „Die Sonne lacht.")?

Tipp

Zähle formale Besonderheiten eines Gedichts nicht nur auf, sondern beschreibe sie in ihrer **Funktion für den Text**, also z. B. folgendermaßen:

- Das Gedicht ist klar geordnet. Es gibt vier gleich lange Strophen.
- Die ersten zwei Strophen haben vier Verse, die letzten beiden drei – da merkt man gleich, welche jeweils zusammengehören.
- Die Wörter, die sich reimen, stehen immer in einem besonderen Verhältnis, sie ergänzen sich oder sie widersprechen sich.
- Im vierten Vers findet sich ein Stocken im Rhythmus, damit der Leser darauf aufmerksam wird, dass ein neuer Gedanke beginnt.
- Das Metrum wechselt zum Daktylus – daher wirkt das Gedicht tänzerisch.

Aufgabe 1 **Wörter suchen.** Gehe beim Lesen des folgenden Gedichts so vor: Lies zunächst einen Vers der linken Spalte und suche in der rechten Spalte ein Wort, das dort vorkommt. Gehe dann umgekehrt vor: Lies ein Wort der rechten Spalte und suche den zugehörigen Vers in der linken Spalte.

Heinz Kahlau:
Junger Naturforscher (1964)

Über den Klatschmohn gebeugt
sucht er eifrig zu finden,
wie die Natur diese Blume
in Einzelheiten gemacht.
Mit dem Ergebnis am Ende
noch lang nicht zufrieden,
tritt er zurück und bewundert
die rote empfindliche Pracht.

eifrig
noch
mit
Pracht
tritt
die
Klatschmohn
in

Quelle: In: Kliewer, Heinz-Jürgen/Kliewer, Ursula (Hrsg.): Die Wundertüte. Alte und neue Gedichte für Kinder. Stuttgart: Reclam 2005, S. 202–203.

Aufgabe 2 **Lyrische Texte deuten.** Worum geht es in diesem Gedicht? Kreuze die richtige Antwort an.

☐ Klatschmohn ist empfindlich und darf nicht genauer betrachtet werden.
☐ Dem jungen Naturforscher fehlt die Erfahrung in seinem Fachgebiet.
☐ Eine wissenschaftliche Betrachtung der Natur erfasst nicht ihre Schönheit.
☐ Sieht man genauer hin, erkennt man, dass der Mohn gar nicht so schön ist.

Aufgabe 3 **Merkmale eines Gedichts analysieren.** Handelt es sich bei diesem Text (S. 25) überhaupt um ein Gedicht? Welche typischen Merkmale findest du, welche nicht?

____

____

____

____

____

____

2 Epische Texte

Wenn wir ein Buch lesen, handelt es sich meistens um einen „epischen Text“. Ein Kriminalroman, eine Lovestory, ein Science-Fiction-Buch, ein Western, eine Horrorgeschichte – all das gehört zur Gattung der „Prosa“ oder „Epik“. Die „Geschichten“, die erzählt werden, sind teils ziemlich nah an der Wirklichkeit, entstammen teils aber auch völlig der Fantasie des Autors.

Wenn du einen epischen Text erschließen möchtest, solltest du dir zunächst einen ersten **Überblick** verschaffen. Lies den ganzen Text einmal und mache dir dabei **Notizen** zu einzelnen Textstellen: Was hast du nicht verstanden, was fällt auf, interessiert dich, ärgert dich oder gefällt dir? Worum geht es in dem Text, was ist also sein **Thema**? Welche ersten Eindrücke hast du vom **Inhalt**, von den wichtigsten **Figuren** und von der **Stimmung**, die der Text hinterlässt?

Bei epischen Texten wird meistens in einer bestimmten zeitlichen Abfolge erzählt: Problem – Ursache – Lösung; zuerst – dann – danach. Mache dir diesen **Aufbau** möglichst bald klar. Unterteile den Text in Sinnabschnitte, deren Inhalte du kurz zusammenfasst, und erarbeite so eine **Gliederung** des Textes.

Dabei kannst du in folgenden Schritten vorgehen:

- Markiere am Textrand, wo ein **Sinnabschnitt** aufhört und wo der nächste anfängt – z. B. mit folgendem Zeichen: ⌈. Als Faustregel gilt: Pro Textseite sind ca. drei bis vier Abschnitte zu finden.
- Notiere zu jedem Sinnabschnitt eine knappe **Überschrift**.
- Erstelle eine **stichwortartige Gliederung** des Textes.

Tipp

> Das Ende eines **Sinnabschnitts** erkennst du entweder am **Druckbild** (neuer Absatz, Zwischenüberschrift, o. Ä.) oder am **Inhalt** (Ortswechsel, Zeitsprung, neuer Handlungsteil oder Wechsel der Perspektive).

Wenn du dich einem epischen Text bereits so weit angenähert hast, kannst du ihn genauer untersuchen. Achte dabei auf die folgenden Punkte:

Untersuchungsbereiche epischer Texte

- Aus welcher **Erzählperspektive** wird erzählt?
  - **Ich-Erzähler:** Figurenperspektive, in der 1. Person erzählt
  - **Personaler Erzähler:** Figurenperspektive, aber in der 3. Person erzählt („er", „sie", …)
  - **Allwissender Erzähler:** hat Übersicht über die gesamte Handlung; hat Einblick in vergangenes oder zukünftiges Geschehen, in Gefühle der Figuren usw.
- Was zeichnet die **Zeitgestaltung** aus?
  - Werden die Ereignisse in **chronologischer** Reihenfolge erzählt?
  - Gibt es Sprünge nach vorne bzw. hinten **(Rückblenden)**?
  - Wie ausführlich wird erzählt:
    zeitdehnend (Erzählzeit > dargestelltes Ereignis/erzählte Zeit),
    zeitdeckend (Erzählzeit = erzählte Zeit) oder
    zeitraffend (Erzählzeit < erzählte Zeit)?
  - Gibt es **verschiedene Zeitebenen**, z. B. einen Erzählrahmen (eine „Geschichte in der Geschichte") oder verschiedene Erzählebenen (oft ersichtlich durch verschiedene Zeitformen, etwa Gegenwart = Präsens, Vergangenheit = Imperfekt usw.)?
- An welchen **Orten** spielt die Handlung? Welche Atmosphäre ist damit verbunden?
- Was lässt sich über die **Figurengestaltung** sagen?
  - Wie sind die Beziehungen zwischen dem Helden, den Nebenfiguren, Gegnern, Helfern?
  - Wie wird eine Figur charakterisiert: durch direkte Angaben zum Charakter („Stefan war ganz schön geizig.") oder indirekte („Stefan fand die X-Box zu teuer.")?
- Wie ist der **Sprachstil** des Textes?
  - Werden besondere **Stilmittel** gewählt (Metapher, Wortspiel, Wiederholungen usw.)?
  - Wie ist die **Sprachebene** (umgangssprachlich, gehoben, fachsprachlich usw.)?
  - Wie ist die **Wortwahl**? Welche Wortfelder, -familien, -arten kommen gehäuft vor?
  - Wie ist der **Satzbau** (eher verschachtelt oder kurze Hauptsätze)?
- Welche **Textsorte** liegt vor (Kurzgeschichte, Roman, Fabel usw.)?

Aufgabe 4 **Texte ordnen.** Die Absätze des folgenden Textes sind durcheinandergeraten.

a) Lies den Text und nummeriere die Abschnitte der ursprünglichen Reihenfolge gemäß durch.

b) Begründe deine Entscheidung: Unterstreiche dazu die Wörter, die dir bei deiner Entscheidung geholfen haben, und erkläre am Rand oder in Fußnoten auf einem Extrablatt, warum sie dir geholfen haben.

Text **Komm, Bruder Tod, so bleich und rot (Auszug)**

Der junge Mann, der in der ersten Reihe gestanden hatte, und zwei Frauen eilten zu dem Verurteilten und bemühten sich, das Blut seiner Wunden zu stillen.

Dann traf das Beil zum zweiten Mal und der Gefangene verlor das Bewusstsein.

Erst da hob der Abt den Kopf, einen Atemzug lang streifte sein Blick den Unglücklichen, ein Blick, der verstört und schmerzerfüllt zugleich war. Dann schob er die Hände aus den Ärmeln, legte sie vor der Brust zusammen und neigte den Kopf zum demütigen Gebet.

Die Menge sah zu. Die, denen ein solches Schauspiel neu war, mit offenen Mündern und glotzenden Augen, die aber, die schon Dutzende Male hatten Hälse sich dehnen, Köpfe rollen und Gliedmaßen fallen sehen, plaudernd und mit eher beiläufigem Interesse. Ein paar nur wandten die Augen ab oder schlugen die Hände vors Gesicht, und einer in der ersten Reihe, der mit schreckenstarrer Miene das Geschehen verfolgte, ballte die Fäuste, dass sich die Nägel tief in seine Handflächen gruben.

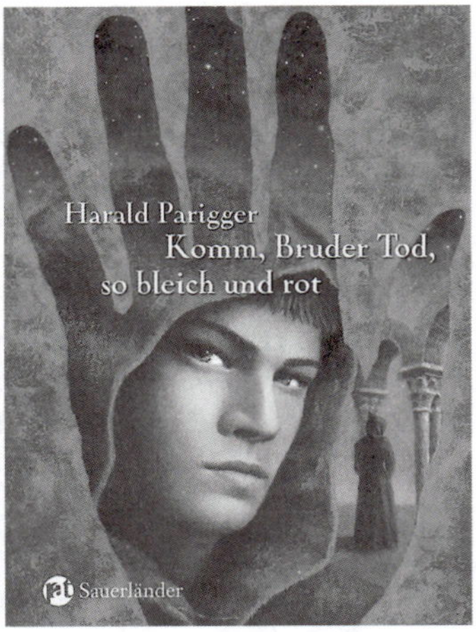

Abt, Richter und Nachrichter verließen mit ihren Gehilfen den Platz und auch die Menge zerstreute sich. Der Fall war erledigt, ein mehrfacher Dieb hatte seine Strafe erhalten, wie es von alters her Recht und Gewohnheit war. Mochte er Gott danken, dass ihm ein milder Richter den Strick erspart hatte. Künftig war er auf die Barmherzigkeit der Christenmenschen angewiesen; stehlen jedenfalls würde er nicht mehr.

Da gab er den Kampf auf, fügte sich in sein Schicksal und schloss die Augen. Nur seine Lippen bewegten sich ab und zu, als ob er Beistand im Gebet suchte.
Als das Beil des Nachrichters zum ersten Mal niederfuhr, raubte ihm der Schock zunächst den Atem. Dann öffnete er die Augen weit; sein Blick suchte den des Abts, und er sagte mit klarer, deutlich vernehmbarer Stimme: „Es ist genug, lass es genug sein!"

Eine tiefe Ohnmacht bewahrte ihn vorerst barmherzig vor den Schrecken der Wirklichkeit. Eine der Frauen bettete behutsam seinen Kopf in ihren Schoß, die anderen beiden verbanden seine Wunden und wuschen sein Gesicht, dann knieten sie bei ihm nieder und beteten, bis er aus seiner Bewusstlosigkeit erwachte. Sie richteten ihn, der jetzt leise stöhnte und wimmerte, vorsichtig auf und flößten ihm einen schmerzlindernden Trank ein. Als er ihnen gekräftigt genug erschien, zogen sie ihn auf die Füße; halb trugen, halb schleiften sie ihn davon. Der junge Mann wandte noch einmal den Kopf und schaute zurück auf die Richtstätte. Es würgte ihn im Hals, so sehr war er von Hass und ohnmächtiger Wut erfüllt.
Aber er zwang sich zur Ruhe. Er musste Geduld haben, viel Geduld. Und während er den dahintaumelnden Verwundeten stützte, kreisten seine Gedanken um einen Namen: Hadrian.

Doch der Abt sah auf den Boden, ausdruckslos, die Hände verschränkt in den weiten Ärmeln seines Gewands.

Die Knechte zwangen ihn auf den Sitz, der unweit des Galgens stand, und banden ihn so fest, dass er sich nicht mehr zu rühren vermochte. Nur seine Stimme konnte er noch gebrauchen, und er rief Gott und alle Heiligen zu Zeugen an, dass er das Opfer eines Irrtums sei, schlimmer noch, eines schändlichen Verrats.

Auf einen Wink des Nachrichters band man den Gefangenen los; er glitt vom Sitz und blieb bewusstlos im staubigen Gras liegen. Ein Knecht spritzte ihm mit gewohnheitsmäßigem Mitleid aus einem Trinkschlauch Wasser ins Gesicht. Als der Gerichtete sich dennoch nicht rührte, wandte er sich achselzuckend ab.

Kloster Heiligenberg am Niederrhein, im Jahr der Fleischwerdung des Herrn 1203
Als man ihn auf den Richtplatz schaffte, sträubte sich der Gefangene, er zerrte an seinen Fesseln, er bat, fluchte und drohte – es half ihm nichts.

Doch die, denen seine Worte galten, hörten ihm nicht zu, und die, die ihm glaubten, waren machtlos.

Quelle: Parriger, Harald: Komm, Bruder Tod, so bleich und rot. Düsseldorf: Sauerländer 2007, S. 5–7.

Aufgabe 5 **Epische Texte deuten.** Bei den folgenden Fragen zum Text auf S. 28 ff. sind dir mehrere Antworten zur Auswahl vorgegeben, von denen jeweils nur eine zutrifft. Kreuze die richtige Aussage an.

1. Welches Verbrechen soll der Verurteilte in obigem Text begangen haben?
   - ☐ Er hat einmal gestohlen.
   - ☐ Er hat einen Mord begangen.
   - ☐ Er hat mehrfach gestohlen.
   - ☐ Er hat die Kirche kritisiert.

2. Wozu wird er verurteilt?
   - ☐ Er wird gehängt.
   - ☐ Ihm wird eine Hand abgehackt.
   - ☐ Ihm werden beide Hände abgehackt.
   - ☐ Er wird an den Pranger gestellt.

3. Wie wird dieser Text erzählt?
   - ☐ Es wird aus der Perspektive des Opfers erzählt.
   - ☐ Es wird aus wechselnden Perspektiven erzählt.
   - ☐ Es wird aus der Perspektive des Abts erzählt.
   - ☐ Es wird aus der Perspektive eines Zuschauers erzählt.

4. Diese Textstelle steht am Beginn des Romans „Komm, Bruder Tod, so bleich und rot“. Was weiß der Leser am Anfang des Buchs also noch nicht?
   - ☐ Welche Strafe der Verurteilte erhalten soll.
   - ☐ Wo das Ereignis stattfindet.
   - ☐ Wer der Verurteilte ist.
   - ☐ Warum er verurteilt ist.

5. Weist ein Text Leerstellen auf, verfügt der Leser (noch) nicht über gewisse Informationen. Warum wohl beginnt das Buch mit so vielen Leerstellen?
   - ☐ Der Leser soll durch fehlende Informationen verwirrt werden.
   - ☐ Der Leser soll durch Spannung zum Weiterlesen gebracht werden.
   - ☐ Der Leser soll selbst zum Nachdenken angeregt werden.
   - ☐ Der Leser soll über bestimmtes Vorwissen verfügen.

Aufgabe 6 **Rückwärts lesen.** Lies den folgenden Text von hinten nach vorne.

Text **Im Schatten der Wächter (Auszug)**

.reizen zu unnötig noch nicht sie und bringen zu sich hinter es ,besser war Es .vorgesorgt und gezogen Betracht in sicher Möglichkeit diese hatte Oliver .Schule alten seiner an wie würde ablaufen genauso es dass ,Tatsache der außer ,Nichts .können aufhalten hätte ihn was ,nichts gab Es .sollte gehen Hause nach und lassen stehen Oliver ,ignorieren Aufforderung die er ob ,überlegte Elliot .egal auch Grunde im war Es .sagen nicht wahrscheinlich es er würde ,wusste es Oliver wenn Selbst .fragen zu Warum dem nach ,Sinn keinen hatte Es „.Jetzt“ „?Wann“ .scheinen sorglos und gefasst er musste außen Nach .hinten nach Schultern seine zog und schluckte Er .Brust seiner in waberten Angstschwaden Kalte .auf sich bäumte Magen Elliots .sachlich Oliver sagte ,„dir nach verlangen Wächter Die“ .ab Tor am Oliver ihn fing ,wollte gehen Hause nach Schule der nach Dienstag am er Als

Quelle: Gardner, Graham: Im Schatten der Wächter. Aus dem Englischen von Alexandra Ernst. München: cbt 2004, S. 81.

Aufgabe 7 **Vorwegnehmendes Lesen.** Was erfährst du über Elliot, Oliver und die Wächter in diesem kurzen Ausschnitt (S. 31) aus dem Buch *Im Schatten der Wächter?* Schreibe zu jeder Figur einen Satz, den du am Text belegen kannst.

Elliot: ______________________________

____

____

Oliver: ______________________________

____

____

Die Wächter: ______________________________

____

____

Aufgabe 8 **Im Internet recherchieren.** Du hast dir bestimmt schon überlegt, worum es in dem Buch *Im Schatten der Wächter* (siehe S. 31) gehen könnte. Um deine Vermutungen zu überprüfen, kannst du im Internet recherchieren. Was erfährst du über Elliot? In welcher Situation befindet er sich? Wie geht seine Geschichte weiter? Schreibe in Kurzform auf, was du erfahren hast.
Dabei können dir folgende Internetseiten (Stand jeweils: 22. 03. 2010) helfen. Beachte dabei aber, wer jeweils der Autor ist und was seine Absicht sein könnte.

- http://www.lizzynet.de/dyn/102130.php
- http://www.siriusonline.de/verlag/produkte.nsf/Produktansicht/1D033643A8B5686DC1256E35003B7563?OpenDocument
- http://www.perlentaucher.de/buch/17043.html
- http://www.sikjm.ch/d/rezensionen/datenbank/datenbankprint.php?id=561
- http://medienmami.uni-ulm.de/2005/05/17/im-schatten-der-wachter-wege-aus-der-opferrolle-3927/

____

____

Aufgabe 9 **Wortkolonnen.** Das Schriftbild des folgenden Textes ist etwas ungewöhnlich. Lies die Geschichte möglichst rasch, Zeile für Zeile, von links nach rechts – zuerst leise, dann laut.

Text

Emmanuel	las,	Corentin	rauchte,	Enzo
tat	nichts.	Auf	dem	Tisch
standen	die	Tassen	und	die
Kaffeekanne,	daneben	ein	Teller	mit
Keksen.	Als	die	Maluris	hereinkamen,
gab	es	ein	Durcheinander	von
Begrüßungen.	Alle	setzten	sich	um
den	Tisch,	und	Emmanuel	eröffnete
das	Gespräch:	„Ihr	sucht	also
eine	Wohnung?“	Colbert	erklärte,	dass
sie	gerade	vorübergehend	bei	einer
alten	Verwandten	wohnten	und	unabhängig
sein	wollten.			

Quelle: Murail, Marie-Aude: Simpel. Aus dem Französischen von Tobias Scheffel. Frankfurt/Main: Fischer 2007, S. 47 f.

Aufgabe 10 **Quartettlesen.** Der Text, den du eben gelesen hast, ist wieder einem Buch entnommen. Worum es in dem Auszug in Aufgabe 9 geht, kannst du nun in einem längeren Ausschnitt nachlesen. Lies den folgenden Text viermal. Übernimm dabei jeweils verschiedene „Rollen“. (Wenn du drei Freunde dazuholen kannst, werden die Rollen verteilt.)

1. Der **Vorleser** liest den Text vor.
2. Die **Textlupe** untersucht sehr genau, welche Aussagen der Text enthält und welche Bedeutung diese im ganzen Text haben. Seine Sätze beginnen oft mit: „Hier steht . . ., also . . .“
3. Das **Gedächtnis** fügt dem Text Ideen aus dem eigenen Wissensschatz hinzu. Seine Sätze beginnen z. B. mit: „Dabei fällt mir ein: . . .“
4. Der **Manager** steuert, kontrolliert und bewertet den Erfolg des Lesens. Er organisiert das Lesen: „Alles klar? Wo gibt’s Probleme? Noch mal lesen! Wir brauchen Hilfe! . . .“ etc.

Text

Simpel (Auszug)

Colbert sucht mit seinem geistig behinderten Bruder Barnabé, genannt „Simpel", ein Zimmer. Er stellt sich in einer Wohngemeinschaft vor, zu der Emmanuel, Corentin, Enzo und Aria gehören.

Es war ein großbürgerlicher Eingang. Der Vorhang der Hausmeisterloge hob sich, und die Hausmeisterin sah die beiden Brüder an. Colbert verzichtete auf den alten Aufzug mit schmiedeeisernem Gitter und nahm die Treppe. Der rote Teppich beeindruckte Simpel, er ging die Stufen auf Zehenspitzen hinauf, als ob er fürchtete, ansonsten Eier zu zertreten.

„Habt ihr Angst vor dem Fahrstuhl?", begrüßte sie Aria. „Guten Tag ... Du bist Barnabé?"

Sie wandte sich an Colbert. Da der Jüngere einen Kopf größer war als sein Bruder, hielt sie ihn für den Älteren.

„Nein, ich bin Colbert."

„Ach so? Entschuldige."

Die beiden Brüder waren hereingekommen. Aria gab Simpel die Hand: „Dann bist du also Barnabé. Ich bin Aria."

Es herrschte ein Moment der Irritation, denn Simpel schüttelte Arias Hand, ohne irgendetwas zu sagen.

„Und ... äh ... die anderen sind im Wohnzimmer", fügte Aria etwas mühsam hinzu. „Kommt rein!"

Emmanuel las, Corentin rauchte, Enzo tat nichts. Auf dem Tisch standen die Tassen und die Kaffeekanne, daneben ein Teller mit Keksen. Als die Maluris hereinkamen, gab es ein Durcheinander von Begrüßungen. Alle setzten sich um den Tisch, und Emmanuel eröffnete das Gespräch: „Ihr sucht also eine Wohnung?"

Colbert erklärte, dass sie gerade vorübergehend bei einer alten Verwandten wohnten und unabhängig sein wollten.

„Was studierst du?", fragte ihn Emmanuel, der denselben Fehler beging wie Aria.

„Ich komme in die Abschlussklasse."

Alle Blicke richteten sich auf Simpel. Er hatte die Hände unter dem Tisch und den Blick gesenkt.

„Ja, richtig“, sagte Colbert. „Das ist mein älterer Bruder. Er ist deb … Er ist geistig behindert.“

In der darauf eintretenden Stille verlor Colbert den Boden unter den Füßen.

„Ja, ich vermute, das … das ist ein Problem für euch“, murmelte er.

Aria empfand Mitleid mit ihm. „Ist er stumm?“

„O nein, nein! Er ist nur gerade etwas eingeschüchtert.“

Inzwischen sah Simpel sich verstohlen um, was nicht gerade einen guten Eindruck machte.

„Willst du was sagen, Simpel?“, flüsterte sein Bruder ihm zu.

Simpel schüttelte verschüchtert den Kopf.

„Ist das angeboren?“, erkundigte sich Emmanuel.

„Ja. Man glaubt, das … Also, wahrscheinlich während der Schwangerschaft.“

„Eine Art Autismus?“, fragte Emmanuel weiter.

„Oh! Wir sind doch nicht in der Sprechstunde!“, protestierte Enzo. Er wandte sich an Colbert: „Okay, das wird nicht gehen, wir sind Studenten, verstehst du. Dich hätten wir problemlos akzeptiert. Aber dein Bruder, der kann ja nicht frei rumlaufen. Der muss doch in so ein … eine spezielle Einrichtung.“

Aria warf ihm einen empörten Blick zu.

„Schon gut, ich hab schon auch ein gutes Herz!“, protestierte Enzo. „Aber das geht nicht. Wir können doch nicht die Verantwortung …“

„Das hängt davon ab, unter was für Störungen er leidet“, sagte Emmanuel.

Es genügte, dass Enzo eine Position bezog, und schon bewegte er sich in die entgegengesetzte Richtung.

„Wird er behandelt?“, fragte er Colbert. „Ist er in Therapie?“

Da hörte man Simpel nuscheln: „Hangiheinhekshehm?“

„Aha, immerhin! Er kann Töne hervorbringen“, bemerkte Enzo.

Simpel wandte sich an Aria, und zwar allein an Aria: „Kann ich ein’ Keks nehmen?“

„Ja, da …“

Und sie hielt ihm mit spitzen Fingern ein Stück Buttergebäck hin, als wäre er ein kleiner Hund. Noch nie hatte sich Colbert so gedemütigt gefühlt. Er machte einen letzten Versuch: „Übrigens hat er den IQ eines Dreijährigen.“

„Tatsächlich? Genau wie Corentin“, bemerkte Enzo, der nie Hemmungen hatte, seinen Freund auf den Arm zu nehmen.

Der Witz lockerte die Atmosphäre. Aria schenkte Kaffee ein.

„Darf er auch welchen trinken?“, fragte sie Colbert.

„Nein, das regt ihn zu sehr auf“, wandte Emmanuel ein.

Die Dummheit der WG-Bewohner erschütterte Colbert. Sie waren schlimmer als die Großtante! Aber je stärker Colbert litt, desto kühner wurde sein Bruder. Gewiss trugen auch der Kuchen und Arias Lächeln dazu bei.

„Das ist eine hübsche Dame“, sagte er und schien sich dabei vor allem an sein Buttergebäck zu wenden.

„Im Grunde ist er weiter entwickelt als Corentin“, bemerkte Enzo.

Simpel sah ihn an, zeigte schüchtern mit einem Finger auf ihn und flüsterte seinem Bruder zu: „Wie heißt der?“

„Ich heiße Pu der Bär“, stellte Enzo sich vor. „Und der da“ – er deutete auf Corentin – „ist Kaninchen.“

Beim Wort Kaninchen steckte Simpel die Hand in die Tasche, und bald lugten zwei Ohren über den Tisch.

„Kuckuck“, sagte Simpel und schwenkte die Ohren.

„Was ist das denn?“, fragte Enzo angewidert.

„Wer ist das?“, verbesserte ihn Simpel triumphierend. „Ist mit ase drin.“

„Das ist Monsieur Hasehase“, sagte Colbert, der es eilig hatte, sein Leid zu verkürzen.

„Jaaa!“

Simpel schwenkte den Hasen an den Ohren. Emmanuel rückte auf seinem Stuhl ganz nach hinten.

„Oho! Braucht er auch keine Tabletten, wenn er in diesem Zustand ist?“

Quelle: Murail, Marie-Aude: Simpel. Aus dem Französischen von Tobias Scheffel. Frankfurt/Main: Fischer 2007, S. 46–50.

Aufgabe 11 **Fragen zum Text beantworten.** Beantworte die folgenden Fragen zum obigen Text auf S. 35–37. Suche die benötigten Informationen im Text und gib bei deiner Antwort die entsprechende Zeilenzahl an.

a) An welchen Stellen merkt man, dass sich Simpel etwas anders verhält, als man es von ihm erwarten würde?

____

____

____

b) Wie heißen die Brüder mit Nachnamen?

c) Was studiert Colbert?

d) Was lockert die Gesprächsatmosphäre auf? Wieso?

e) Was erwartest du: Bekommen die beiden Brüder das Zimmer?
Wer ist dagegen und aus welchem Grund?

Aufgabe 12 **Einen Text nacherzählen.** Erzähle den Text „Simpel“ (S. 35–37) mit eigenen Worten nach. Schreibe dabei nicht weniger als vier Sätze, aber auch nicht mehr als sechs.

3 Dramatische Texte

Auch dramatische Texte begegnen dir in unserem Alltag ständig: Jeder Film braucht ein Drehbuch, das aus „szenischem" oder dramatischem Text, d. h. größtenteils aus **direkter Rede** besteht. Demnach werden nicht nur auf der Bühne (griechisch: „skene") Dramen gespielt, sondern auch im Film.

Einige der Besonderheiten eines dramatischen Textes kannst du auf den ersten Blick erkennen:

- Ein dramatischer Text besteht aus einzelnen **Szenen**. Manchmal werden mehrere Szenen in einem **Akt** oder **Aufzug** zusammengefasst.
- Jede Szene besteht vor allem aus einem Haupttext, dem Redetext. Meistens handelt es sich dabei um **Dialoge**, selten auch um **Monologe**, also Text, den eine Figur für sich allein spricht.
- Zu dem Haupttext kommt der Nebentext: Dazu gehören die Angaben, wer in dem Stück mitspielt (das **Personenverzeichnis**), die **Personenangaben** (wer spricht?), **Szenenangaben** (wo und wann spielt die Szene?) und vor allem viele **Regieanweisungen**. Sie zeigen an, wie die Figuren aussehen, handeln und sprechen, welche Geste sie gerade beschreiben usw.

Wenn du ein Drama oder einen Dramenauszug untersuchen möchtest, lies den Text zunächst einmal ganz und versuche dabei bereits, das **Hauptthema** oder den **„dramatischen Konflikt"** der Szene zu bestimmen. Bei der weiteren Untersuchung musst du vor allem auf folgende Aspekte achten:

Untersuchungsbereiche dramatischer Texte

- **Figurengestaltung:**
  - Welche Figuren treten auf? Wer ist Haupt-, wer Nebenfigur? Wie stehen die Figuren zueinander (Freund/Feind)? Gibt es eine bestimmte **Personenkonstellation**?
  - Wer spricht am meisten, wer weniger? Welche **Sprechhandlungen** werden eingesetzt (Drohung, Klage, Aufforderung, Gefühlsäußerung, …)?
  - Welche **Absichten** haben die Figuren, vielleicht in versteckter Weise?
- **Ort:** Was erfährst du über Bühnenraum und Bühnenbild, die Beleuchtung, Requisiten, technische Effekte (Nebel, Rauch, …), Geräusche und Musik?
- **Zeit:** Wann spielt das Stück? Wie viel Zeit ist seit der letzten Szene vergangen?
- An welcher **Stelle des Dramas** steht die Szene? Ist es eine **Einführung** (Exposition), in der Situation und Figuren vorgestellt werden, ist es ein **Wendepunkt**?
- **Regieanweisungen:** Was sagen die Regieanweisungen aus?
  - Wird ein besonderer Gesichtsausdruck (Mimik) verlangt (z. B. „sagt er erstaunt")?
  - Was bringen Körpersprache und Gestik der Figuren zum Ausdruck (z. B. „hektisch rennt sie aus dem Zimmer")?
  - Welche Rolle spielen Kostüme, Requisiten (Gegenstände wie Trinkgläser, Revolver, Spiegel) und das Bühnenbild?

Aufgabe 13 **Vorwegnehmendes Lesen.** Bestimmt ist dir schon einmal die Geschichte von „Romeo und Julia" begegnet. Was weißt du über diese beiden literarischen Figuren?

Aufgabe 14 **Dramen lesen.** Lies den folgenden Auszug aus dem Drama „Romeo und Julia“, das der englische Schriftsteller William Shakespeare 1596 schrieb. Es handelt von der Feindschaft zweier großer Familien im italienischen Verona des 15. Jahrhunderts. Deren Kinder, Julia Capulet und Romeo Montague, verlieben sich dennoch ineinander, als sie sich auf einem Maskenball der Capulets begegnen – Romeo konnte sich mit seinem Vetter Benvolio dort einschleichen.
In der folgenden Szene treffen Romeo und Julia zum ersten Mal aufeinander.

Text **William Shakespeare: Romeo und Julia (Auszug)**

FÜNFTE SZENE
Ein Saal in Capulets Hause
[...]
ROMEO
[zu einem Diener aus seinem Gefolge.]
Wer ist das Fräulein, welche dort den Ritter
Mit ihrer Hand beehrt?
DER DIENER
Ich weiß nicht, Herr.
ROMEO
[...]
Sie stellt sich unter den Gespielen dar
Als weiße Taub in einer Krähenschar.
Schließt sich der Tanz, so nah ich ihr: ein Drücken
Der zarten Hand soll meine Hand beglücken.
Liebt ich wohl je? Nein, schwör es ab, Gesicht!
Du sahst bis jetzt noch wahre Schönheit nicht.
TYBALT
Nach seiner Stimm ist dies ein Montague.
[Zu einem Diener.]
Hol meinen Degen, Bursch! – Was? Wagt der Schurk,
Vermummt in eine Fratze, herzukommen
Zu Hohn und Schimpfe gegen unser Fest?
Fürwahr, bei meines Stammes Ruhm und Adel,
Wer tot ihn schlüg, verdiente keinen Tadel!
CAPULET
Was habt Ihr, Vetter? Welch ein Sturm? Wozu?
TYBALT
Seht, Oheim, der da ist ein Montague!

Der Schurke drängt sich unter Eure Gäste
Und macht sich einen Spott an diesem Feste.

CAPULET
Ist es der junge Romeo?

TYBALT
Der Schurke Romeo!

CAPULET
Seid ruhig, Herzensvetter! Laßt ihn gehn!
Er hält sich wie ein wackrer Edelmann;
[...]
So zeig dich freundlich, streif die Runzeln weg,
Die übel sich bei einem Feste ziemen.

TYBALT
Kommt solch ein Schurk als Gast, so stehn sie wohl.
Ich leid ihn nicht.

CAPULET
Er soll gelitten werden,
Er soll! – Herr Junge, hört Er das? Nur zu!
Wer ist hier Herr? Er oder ich? Nur zu!
So, will Er ihn nicht leiden? – Helf mir Gott! –
Will Hader unter meinen Gästen stiften?
Will sich als starken Mann hier wichtig machen?

TYBALT
Ist's nicht 'ne Schande, Oheim?

CAPULET
Zu! Nur zu!
Ihr seid ein kecker Bursch. Ei, seht mir doch!
Der Streich mag Euch gereun; ich weiß schon was.
Ihr macht mirs bunt! Ja, das käm eben recht! –
Brav, Herzenskinder! – Geht, vorwitzig seid Ihr!
Seid ruhig, sonst – Mehr Licht, mehr Licht, zum
Kuckuck! –
Will ich zur Ruh Euch bringen! – Lustig, Kinder!

TYBALT
Mir kämpft Geduld aus Zwang mit willger Wut
Im Innern und empört mein siedend Blut.
Ich gehe. – Doch so frech sich aufzudringen!
Was Lust ihm macht, soll bittern Lohn ihm bringen!
[Geht ab.]

Romeo
[tritt] zu Julien.
Entweihet meine Hand verwegen dich,
O Heilgenbild, so will ichs lieblich büßen.
Zwei Pilger neigen meine Lippen sich,
Den herben Druck im Kusse zu versüßen.
Julia
Nein, Pilger, lege nichts der Hand zuschulden
Für ihren sittsam-andachtvollen Gruß.
Der Heilgen Rechte darf Berührung dulden,
Und Hand in Hand ist frommer Waller Kuß.
Romeo
Haben nicht Heilge Lippen wie die Waller?
Julia
Ja, doch Gebet ist die Bestimmung aller.
Romeo
O so vergönne, teure Heilge nun,
Daß auch die Lippen wie die Hände tun.
Voll Inbrunst beten sie zu dir: erhöre,
Daß Glaube nicht sich in Verzweiflung kehre!
Julia
Du weißt, ein Heilger pflegt sich nicht zu regen,
Auch wenn er eine Bitte zugesteht.
Romeo
So reg dich, Holde, nicht, wie Heilge pflegen,
Derweil mein Mund dir nimmt, was er erfleht.
Er küßt sie.
Nun hat dein Mund ihn aller Sünd entbunden.
Julia
So hat mein Mund zum Lohn Sünd für die Gunst?
Romeo
Zum Lohn die Sünd? O Vorwurf, süß erfunden!
Gebt sie zurück!
[Küßt sie wieder.]
Julia
Ihr küßt recht nach der Kunst.
Wärterin
[tritt heran.]
Mama will Euch ein Wörtchen sagen, Fräulein.

ROMEO
Wer ist des Fräuleins Mutter?
WÄRTERIN
Ei nun, Junker,
Das ist die gnädge Frau vom Hause hier,
Gar eine wackre Frau und klug und ehrsam.
[...]
ROMEO
Sie eine Capulet? O teurer Preis! Mein Leben
Ist meinem Feind als Schuld dahingegeben!
BENVOLIO
Fort, laßt uns gehn; die Lust ist bald dahin.
ROMEO
Ach, leider wohl! Das ängstet meinen Sinn.
CAPULET
Nein, liebe Herrn, denkt noch ans Weggehn nicht!
Ein kleines, schlichtes Mahl ist schon bereitet. –
Muß es denn sein? Nun wohl, ich dank Euch allen;
Ich dank Euch, edle Herren: Gute Nacht! –
Mehr Fackeln her! – Kommt nun, bringt mich zu Bett.
[...]
Wahrhaftig, es wird spät, ich will zur Ruh.
Alle ab, außer Julia und Wärterin.
JULIA
Komm zu mir, Amme; wer ist dort der Herr?
WÄRTERIN
Tiberios, des alten, Sohn und Erbe.
[...]
JULIA
Wer folgt ihm da, der gar nicht tanzen wollte?
WÄRTERIN
Ich weiß nicht.
JULIA
Geh, frage, wie er heißt! – Ist er vermählt,
So ist das Grab zum Brautbett mir erwählt.
WÄRTERIN
[kommt zurück.]
Sein Nam ist Romeo, ein Montague,
Und Eures großen Feindes einzger Sohn.

JULIA
So einzge Lieb aus großem Haß entbrannt!
Ich sah zu früh, den ich zu spät erkannt.
O Wunderwerk: ich fühle mich getrieben,
Den ärgsten Feind aufs zärtlichste zu lieben.

WÄRTERIN
Wieso, wieso?

JULIA
Es ist ein Reim, den ich von einem Tänzer
Soeben lernte.
Man ruft drinnen: Julia!

WÄRTERIN
Gleich, wir kommen ja!
Kommt, laßt uns gehn; kein Fremder ist mehr da.
Ab.

Quelle: Shakespeare, William: Romeo und Julia. Nach: http://gutenberg.spiegel.de/?id=5&xid=2635&kapitel=1#gb_found

Aufgabe 15 **Sprachstil anpassen.** Der Text (S. 41–45) ist stellenweise in schwer verständlicher alter Sprache geschrieben. Unterstreiche im ersten Teil der Textstelle (Z. 1–68) die Passagen, die du sprachlich schwierig findest, und versuche, die veralteten Begriffe in unsere heutige Sprache zu übertragen.

Aufgabe 16 **Fragen zum Text finden.** Finde selbst Fragen zum Text (S. 41–45) und beantworte sie. Ein Beispiel dafür ist bereits vorgegeben.

Wo spielt die Szene? *In Capulets Haus.*

Aufgabe 17 **Einen dramatischen Text deuten.** Romeo und Tybalt (vgl. Text S. 41–45) erzählen jeweils einem Freund, was sie im Haus der Capulets erlebt haben. Schreibe auf, was die Figuren sagen könnten.

ROMEO: Du kannst dir nicht vorstellen, was mir heute Abend passiert ist! …

TYBALT: Du kannst dir nicht vorstellen, was mir heute Abend passiert ist! …

Aufgabe 18 **Nebentext bestimmen.** Suche aus dem Text (S. 41–45) den Nebentext heraus und bestimme jeweils seine Funktion (vgl. zum Nebentext S. 39).

Aufgabe 19 **Schaubild erstellen.** Fasse die Informationen zur Figurenkonstellation und zum zentralen Konflikt, die sich dem Text (S. 41–45) entnehmen lassen, in einem Schaubild zusammen.

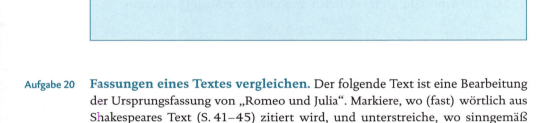

Aufgabe 20 **Fassungen eines Textes vergleichen.** Der folgende Text ist eine Bearbeitung der Ursprungsfassung von „Romeo und Julia". Markiere, wo (fast) wörtlich aus Shakespeares Text (S. 41–45) zitiert wird, und unterstreiche, wo sinngemäß nacherzählt wird.

Text

Romeo und Julia nach William Shakespeare (Auszug)

Vorsichtig schlich er sich immer näher an sie heran. Als er Julia endlich ohne Maske gegenüberstand und sie ansprach, verliebte auch sie sich auf den ersten Blick in diesen hübschen Jüngling, und schon bald waren die beiden in ein inniges Gespräch vertieft.

So ahnten sie nicht, dass sie von der anderen Seite des Ballsaales aus scharf beobachtet wurden.

Julias Cousin Tybalt, ein besonders hitziger Bursche, hatte Romeo erkannt und wollte unverzüglich auf den Eindringling losgehen. Doch Julias Vater, Graf Capulet, fuhr dazwischen: „Was habt Ihr, Neffe? Was soll der Lärm, wozu?“

„Der Kerl dort drüben bei Julia ist ein Montague, der sich maskiert unter die Gäste gemischt hat, um uns zu verspotten!“, rief Tybalt aufgebracht.

„Ist dies nicht der junge Romeo?“, fragte Graf Capulet.

„Ja, der Schurke Romeo“, erwiderte Tybalt heftig.

Als Julia wenig später von ihrer Amme erfuhr, dass Romeo ein Montague sei, war auch sie zutiefst erschüttert. Doch dieses Wissen vermochte an ihren Gefühlen für Romeo nichts zu ändern und leise sagte sie: „O Wunderwerk! Ich fühle mich getrieben, den ärgsten Feind aufs Zärtlichste zu lieben.“

Quelle: Kindermann, Barbara: Romeo und Julia nach William Shakespeare. Neu erzählt von Barbara Kindermann. Berlin: Kindermann 2003, S. 7–10.

Aufgabe 21 **Fassungen eines Textes vergleichen.** Der Text „Mit heißem Herz“ (ab S. 50) ist eine freie Bearbeitung des Romeo-und-Julia-Stoffs (vgl. S. 41–45).

a) Gib an, an welchen Stellen wörtlich aus dem Original zitiert wird.

____

____

____

b) Was wurde sinngemäß übernommen?

____

____

____

____

c) An welchen Stellen weicht der Text deutlich vom Original ab?

____

____

____

____

Text

Mit heißem Herz (Auszug)

Bora wartet unterdessen neben der Tanzfläche, schwitzend in seinem geliehenen Rollkragenpullover und unter einer Maske, die zu einem Zorrokostüm gehören könnte. [...]

Bevor er sein Zaudern überwunden hat, tritt Bora auf die Tanzfläche, verbeugt sich, als wäre er Romeo, und bittet Xelia schüchtern um den Tanz.

Xelia stutzt, ist beschwipst, trägt ihre Maske hoch in der Stirn, sodass die rings um ihre Augen dunkel verlaufene Wimperntusche unter den blauen Federn zu erkennen ist.

Verblüfft sagt sie: „Bitte", und knickst kurz vor Bora. Er verbeugt sich erneut, und ich meine, ihn nah bei Xelias gerötetem Ohr wispern zu hören: „Entweihet meine Hand verwegen dich, / O Heil'genbild, so will ich's lieblich büßen. / Zwei Pilger, neigen meine Lippen sich, / Den herben Druck im Kusse zu versüßen."

Nun erst erkennt sie, wer mit ihr tanzt. Ein Lächeln gleitet über Xelias erhitztes, glückliches Gesicht. Und während Mek nicht glauben kann, was er doch sieht, reicht Xelia Bora die linke Hand und sie beginnen sich zu wiegen, im Rhythmus der sich langsam erst steigernden Musik.

Bora, der auch als Romeo nicht Walzer tanzen kann, legt, kaum klingen die nächsten Takte kraftvoll durch den hohen Raum, beide Hände um Xelias Hüften, ignoriert die Schrittfolge und tanzt mit Xelia auf der Stelle. Mek schaut, ein Sektglas in der Rechten und eines in der Linken, dem Paar zu, das in der Mitte des Raumes kleine Kreise zieht, ungläubig und reglos.

Er steht, als habe er einen Stock verschluckt, zwischen Büfett und den sich im Takt Drehenden, und wie um ihm nicht zu nahe zu kommen, weichen die wenigen Paare, die zu tanzen angefangen haben, an den Rand der Tanzfläche zurück.

Längst haben auch Meks Freunde begriffen, dass jemand mit Meks Partnerin tanzt und der sich nur mühsam noch beherrscht.

„Das gibt Ärger", murmelt Gözde. Ihr schwarzes Kleid unterstreicht die Blässe ihres Gesichts und für Momente frage ich mich, für wen sie Partei nehmen wird.

Ähnlich blass sind Meks Wangen, während sich Bora weiter dreht, als wäre er mit Xelia alleine auf der Welt.

Noch immer hält Mek den Sekt, balanciert die Gläser in den Händen, und vielleicht spürt er in seinem Rücken Halil, der in seinem Stuhl eher liegt als lehnt und der die Maske aus dem Gesicht hoch in die Stirn geschoben hat. Noch zögert Mek. Bora küsst Xelia. Und Xelia erwidert den Kuss.

Mek steht wie eine Säule aus Salz und niemand im hohen Raum wagt es, sich zu bewegen oder auch nur zu regen. Dann gießt Mek das erste Sektglas betont langsam zwischen Boras Haaransatz und dem Pulloverkragen in dessen Hals und leert auch das zweite gemächlich über Bora aus.

Im Raum herrscht ein seltsames Schweigen. Obwohl die letzten Takte des Liedes nicht verklungen sind, schweben die Töne über uns und vertiefen die Stille.

Bora und Xelia drehen sich weiter, tanzen, auch als das Lied geendet hat, auf der Stelle, wiegen sich, Wange an Wange, obwohl Boras Kostüm wie auch die Schärpe feucht sind und am Rücken sichtbar nass. Xelia wirkt, als wäre sie betrunken.

Mek stampft auf.

Gözde geht unschlüssig einen Schritt vor.

Bora zieht die Maske vom Gesicht.

Dann küsst er Xelia noch einmal. Er küsst sie auf den Mund. Der Kuss scheint kein Ende zu nehmen.

Ich denke: Zahlt Xelia Mek irgendetwas heim? Oder ist es vielleicht Trotz? Ist sie so betrunken? Oder ist es zwischen beiden einfach nur vorbei?

Währenddessen geschieht nichts, nur der Kuss dauert an, und ich meine, den Atem aller Zuschauer zu hören. Bis Janis und Lukas, Meks Freunde, auf das Paar zutreten und Lukas eine Hand auf Boras Arm, Janis beide Hände auf Xelias Schultern legt.

Xelia hat die Lider geschlossen und steht, als würde sie schlafen, im hell erleuchteten Raum. Bora wartet unbewegt. Mir fällt das teure Büfett und die teure Einrichtung ein und die Männer am Eingang.

Ich schaue zu Gözde. Sie zuckt die Schultern. Bora lässt seine Maske, die er in der Hand hält, auf den Boden fallen.

Sacht ergreift er Lukas' Hand und schiebt sie von seinem Oberarm. Da

Xelia sich nicht regt, verdorren Janis' Finger auf der hellen Haut ihrer nackten Schultern.

Der Kreis, der sich gebildet hat, wogt ein Stück vor, danach zurück, schrumpft und weitet sich abrupt, als Mek eines der Sektgläser abbricht, das andere fortwirft und den scharfkantigen Rest dicht vor Boras verblüfftem Gesicht durch den Raum stößt und zischt: „Du bist tot. Du weißt es nur noch nicht."

Für einen Moment scheinen alle, die Zuschauer, sämtliche Gäste, Mek, seine Freunde, Gözde, ich und jeder, auf das Blut aus Boras Wange zu warten, auf den Schnitt, der blutig aufklafft. Aber die scharfzackige Scherbe hat die Haut der Wange knapp verfehlt.

Boras Augen glimmen böse und wirken dunkel vor Wut.

Gözde rempelt Mek an. Ich schiebe Lukas beiseite. Die Stille im Saal bricht auseinander. Janis schießt vor. Xelia schreit und reißt ihn am Hemd zurück, während Bora ausweicht und sich, Gäste kreischen, nach dem zweiten abgebrochenen Sektglas bückt.

Quelle: Wildenhain, Michael: Mit heißem Herz. München: dtv 2007, S. 46–49

Sachtexte

Sachtexte sollen den Leser über ein bestimmtes Thema informieren. Achte beim Lesen also darauf, welche **Fakten** vermittelt werden. Deinen **Vorkenntnissen** entsprechend wirst du die Texte mal leichter, mal schwieriger finden. Manche Sachtexte sind auch in einer besonderen **Fachsprache** verfasst. Um sie dennoch verstehen zu können, ist es sehr wichtig, dass du dir dein Vorwissen bewusst machst.

1 Zeitungsartikel

Zeitungsartikel richten sich an Leser jeglichen Alters, Bildungsstands und Interesses. Deshalb müssen sie so geschrieben sein, dass jeder mühelos die wichtigsten **Informationen** erhält und gleichzeitig **unterhalten** wird. Langweilige Artikel werden schnell weggelegt. Daher müssen die Autoren vor allem am Anfang ihres Artikels so schreiben, dass die Leser das Interesse nicht verlieren.
Wie du sicher weißt, gibt es verschiedene Formen von Zeitungen. Vielleicht haben auch deine Eltern eine **Regionalzeitung** abonniert, die v. a. über die Geschehnisse in deinem Wohnort und der Umgebung berichtet. Daneben gibt es **überregionale Zeitungen** („Süddeutsche Zeitung", „Die Welt", „Frankfurter Allgemeine Zeitung", „Frankfurter Rundschau", „die tageszeitung" usw.), die in ganz Deutschland, ja sogar in der ganzen Welt gekauft werden können. Mittlerweile gibt es zudem von fast jeder Zeitung eine **Online-Fassung** im Internet, mit deren Hilfe man sich besonders rasch über aktuelle Ereignisse informieren kann.

Ob es sich bei dem Text, den du untersuchen sollst, um einen Zeitungsartikel handelt, erkennst du meist auf den ersten Blick:

- Es gibt eine griffige **Überschrift**, zudem häufig eine Unterüberschrift, die das Thema einschränkt.
- Am Anfang wird, meist in Großbuchstaben, der **Ort** genannt.
- Fast immer findest du zu Beginn oder am Ende des Artikels den vollen **Namen** oder das **Kürzel des Autors**.
- Teils gibt es einen kurzen (oft in anderer Schriftart gedruckten) **Vorspann**, in dem du schon einmal das Wichtigste zum folgenden Artikel erfährst.

Bevor du einen Zeitungsartikel liest, notiere erst einmal, was du schon über das **Thema** weißt und was du dir aufgrund des **Titels** erwartest. Lies den Text erst dann ganz durch und untersuche, welche Antworten du auf die **W-Fragen** (siehe S. 15) findest – denn in Zeitungen sind diese Informationen besonders wichtig.

In der Regel sind journalistische Artikel **trichterförmig** angeordnet: Die wichtigsten Aussagen werden gleich zu Beginn genannt, dann folgen weiterführende Informationen und Details zum Thema.

Wenn du einen Zeitungstext analysierst, musst du dich zudem fragen, welche **Textsorte** vorliegt. Damit hängt zusammen, welche Absicht der Autor verfolgt: Soll der Text **informieren**, **kommentieren** oder eher **appellieren**?

Untersuchungsbereiche von Zeitungsartikeln

- Wie ist die **Überschrift** gestaltet?
  Ist sie aussagekräftig?/Zeigt sie den Bezug zum Thema? Oder wird der Leser durch eine auf den ersten Blick rätselhafte, unverständliche, komische Überschrift „geködert"?
- Welche Informationen enthält der **Vorspann**?
- Wie wirkt der Artikel **optisch** auf dich? Ist er ansprechend gestaltet?
  Gibt es ein interessantes Foto, das den Text illustriert/den Blick des Lesers festhält?
- Welche **Textsorte** liegt vor?
  - **Berichte** geben in Kürze Informationen über aktuelle Vorkommnisse.
  - **Kommentare** erlauben es einem Journalisten, seine Meinung zu einer bestimmten Frage zu vermitteln.
  - **Interviews** geben ein Gespräch eines Journalisten mit einer anderen, oft bekannten Person wieder. Diese Texte können entweder der Gesprächsstruktur gemäß geschrieben sein oder als fortlaufender Text eine Zusammenfassung des Gesprächs bieten.
  - **Reportagen** sind längere Texte zu nicht zwingend tagesaktuellen Fragestellungen. Sie bieten oft Hintergrundinformationen und sind teils aus der Perspektive eines Augenzeugen geschrieben, können also z. B. die persönlichen Erfahrungen eines Journalisten einbeziehen.
  - Daneben gibt es eine ganze Reihe von **kurzen Texten:** Anzeigen, Tabellen, Wetterberichte usw.

Aufgabe 22 **Von oben nach unten lesen.** Beim folgenden Text musst du Spalte für Spalte lesen. Kannst du erkennen, worum es geht?

A	n	e	s	e.	n	i	t
m	t	i	a	D	t	e	e,
7.	i	n	u	a	l	r	a
O	e	e	f	s	e	e	h
k	r	s	d	s	i	b	n
t	t	B	e	d	n	e	t
o	e	l	n	e	e	v	e
b	C	e	N	m	i	o	k
e	i	c	a	h	n	r	a
r	t	h	m	ä	e	s	u
1	r	g	e	s	g	t	m
9	o	e	n	s	r	e	j
4	ë	s	2	l	o	h	e
8	n	t	C	i	ß	e	m
p	e	e	V	c	e	n	a
r	i	l	h	h	K	s	n
ä	n	l,	ö	e	a	o	d.
s	k	d	r	n	r	l	
e	l	a	t	E	r	l	

Quelle: Munsch, Elfriede: Hässliches Bäcker-Entlein wird zum Dauerläufer. In: Die Rheinpfalz, 07. 10. 2008.

Aufgabe 23 **Kernaussage erfassen.** Welcher der folgenden Sätze trifft am ehesten die Kernaussage des eben gelesenen Textauszugs?

- ☐ Das hässliche Entlein im Märchen ist aus Blech.
- ☐ Der 2CV hört auch auf den Namen „hässliches Entlein".
- ☐ Der 2CV hatte großen Erfolg.
- ☐ Citroën baute 1948 sein erstes Auto.

Aufgabe 24 **Zeitungsartikel lesen.** Lies nun den zugehörigen Zeitungsartikel und wende dabei die ab Seite 53 f. gezeigten Methoden an.

Text

Hässliches Bäcker-Entlein wird zum Dauerläufer

Der 2CV des Citroën-Chefingenieurs Pierre Boulanger schrieb Automobil-Geschichte – Vor 60 Jahren vorgestellt – 1950 sechs Jahre Lieferzeit

PARIS. Am 7. Oktober 1948 präsentierte Citroën ein kleines Blechgestell, das auf den Namen 2CV hörte. Dass dem hässlichen Entlein eine große Karriere bevorstehen sollte, ahnte kaum jemand.

Ganz im Gegenteil: Das Urteil der Presse war vernichtend. Manche fragten sogar, ob ein Dosenöffner mitgeliefert werde. Schon Mitte der 1930er-Jahre hatten Techniker um Citroën-Chefingenieur Pierre Boulanger (deutsch: Peter Bäcker) an der Idee eines bezahlbaren Wagens getüftelt, der gerade der armen Landbevölkerung zu mehr Mobilität verhelfen sollte. Als Premiere war die Pariser Automesse 1939 gedacht. Doch dann brach der Zweite Weltkrieg aus. Erst danach hatte der Kleine endlich seinen großen Auftritt. Das 373 Kubikzentimeter starke Motörchen hatte neun PS und brachte Höchstgeschwindigkeiten von knapp 60 Kilometern in der Stunde. Mit 4,5 Litern auf 100 Kilometer galt es – nicht nur damals – als sparsam.

Den Kunden war das Aussehen des 2CV gleichgültig: Sie setzten auf seine inneren Werte, und die machten die Ente begehrt: 1950 betrug die Lieferzeit sechs Jahre. Man musste Pfarrer oder Landarzt sein, um bevorzugt zu werden. Die sich in Geduld Übenden profitierten aber von den Weiterentwicklungen. So stieg die Leistung 1954 auf 12,5 PS. Zwei Jahre später kam eine Version mit rechteckigem Heckfenster und Stoffdach heraus. 1958 kamen die ersten Enten nach Deutschland, wo der Name nach dem Vogel mit dem Watschelgang geprägt wurde. In Frankreich heißt der 2CV Deux Chevaux (sprich: Döschwo).

In den 1960er-Jahren kam optisch und motorisch Bewegung in die kleine Kiste. Eine neue Motorhaube, seitliche Entlüftungsöffnungen, ein neues Armaturenbrett: Die Ente gewann an Optik. Ihre Flugkraft stieg auf 14, dann auf 16 PS, das beflügelte sie zu einem Tempo von bis zu 100 Kilometern in der Stunde. Der Verbrauch blieb mit 5,5 Litern auf 100 Kilometer genügsam.

Inzwischen war das Fahrzeug, von dem es auch Transporter gab, Ausdruck eines Lebensgefühls [...]. Auch zu internationalem Filmruhm gelangt der Franzose. Im James-Bond-Epos „In tödlicher Mission“ stellte er Geländetauglichkeit und Robustheit unter Beweis.

Die technische Weiterentwicklung der Ente geriet in den 1970er-Jahren ins Stocken. In den 1980ern stieg das Umweltbewusstsein der Käufer: Sparsam allein reichte nicht mehr. Doch einen [serienmäßigen] Katalysator gab es bei ihr […] nie.

Im Februar 1989 watschelte die letzte Ente vom Band im Pariser Werk Levallois. Im Juli 1990 lief die Produktion des 2CV in Portugal aus. Mit dem 3 868 633. Exemplar.

Quelle: Elfriede Munsch: Hässliches Bäcker-Entlein wird zum Dauerläufer. In: Rheinpfalz, 07. 10. 2008.

Aufgabe 25 **Zeitleiste erstellen.** In dem Zeitungsartikel „Hässliches Bäcker-Entlein wird zum Dauerläufer" (S. 56 f.) findest du viele Zeitangaben zur Entwicklungsgeschichte der „Ente". Erstelle eine Übersicht dazu mithilfe der folgenden Zeitleiste.

1930er-Jahre	Entwicklung des 2CV

Aufgabe 26 **Detailinformationen erfassen.** Setze die Informationen aus dem Text „Hässliches Bäcker-Entlein wird zum Dauerläufer“ (S. 56 f.) sinnvoll in die folgenden Lücken ein.

1. In Frankreich heißt die Ente ______________________.
2. Pierre Boulanger heißt auf Deutsch ______________________.
3. Die Ente wurde erfunden, damit ______________________________ ______________ sich ein Auto leisten können.
4. Die Ente verbrauchte anfangs höchstens ______________________ pro 100 Kilometer.
5. Im Film „In tödlicher Mission“ wird gezeigt, wie ____________________ ______________________________________ die Ente ist.
6. __________ hatte die Ente 12,5 PS.
7. Das Pariser Citroën-Werk heißt ______________.
8. Es wurden insgesamt ______________________ Enten produziert.
9. In den 1960er-Jahren kann die Ente bis zu __________________ fahren.
10. Die erste Ente hatte _______ PS.

2 Sachbuch

Sicher hat jeder schon einmal ein Sachbuch zu einem seiner jeweiligen Interessengebiete in der Hand gehabt: ein „Was-ist-was?"-Buch über Ritter, ein Band über Entdecker, einer über das Leben berühmter Stars o. Ä. In Sachbüchern wie diesen kannst du nachschlagen, wenn du dich über einen Sachverhalt **informieren** willst. Meist beziehen sie sich auf **bestimmte Themenbereiche** (Sport, Geschichte, Technik, …) und benutzen das zugehörige **Fachvokabular**. Es ist also besonders wichtig, dass du dein Augenmerk auf schwierige Wörter lenkst und sie eventuell **nachschlägst**, wenn du sie aus dem Zusammenhang nicht verstehen kannst.

Sachbücher liest du meist nicht von vorne nach hinten wie einen Roman. Du blätterst, schaust dir die Bilder an, liest mal hier eine Seite und mal dort eine andere. Manchmal suchst du einfach gezielt Informationen zu einem Thema, das dich interessiert oder zu dem du für die Schule recherchieren sollst. Daher ist hier vor allem das **überfliegende Lesen** gefragt, denn du kannst nicht alles im Detail lesen. Um in einem Sachbuchtext die gesuchten Angaben zu finden, musst du dir bewusst machen,

- was du schon über das Thema weißt,
- welche Informationen du genau suchst und
- wie du sie möglichst rasch aus dem Text herausfilterst.

Lies den Text zunächst einmal ganz durch. **Markiere** dann die gesuchten Aussagen und mache dir **Notizen** dazu, sodass du bei Bedarf schnell darauf zurückgreifen kannst. Neben diesem grundlegenden Vorgehen solltest du speziell bei Auszügen aus Sachtexten die folgenden Punkte beachten:

Untersuchungsbereiche von Auszügen aus Sachbüchern

- Auf welchen speziellen **Sachbereich** bezieht sich der Text?
- Wird ein bestimmtes **Fachvokabular** verwendet?
- Welche zentralen **Informationen** kannst du aus dem Text gewinnen?
- Nach welchem **Schema** ist der Text **aufgebaut**?
  - Wird ein geschichtlicher Überblick gegeben?
  - Werden verschiedene Beispiele für einen Oberbegriff angeführt?
  - Zeigt der Text verschiedene Seiten eines Sachverhalts auf?

Aufgabe 27 **Sachbücher lesen.** Der folgende Text stammt aus einem Lexikon, das in Zusammenarbeit mit der ZDF-Kindernachrichtenredaktion *logo!* erstellt wurde. Darin werden verschiedene Länder dieser Erde vorgestellt. Neben Informationen zur Geografie und Geschichte eines Landes wird die aktuelle Wirtschaftssituation und Politik des Landes aufgezeigt – auch und gerade, wenn die aktuelle Situation dort schwierig ist.
Lies den folgenden Text zunächst aufmerksam durch.

Text **Afghanistan**

Fläche	652.225 km2
Einwohner	28,6 Mio.
Hauptstadt	Kabul
Amtssprachen	Paschtu, Dari
Religionen	vor allem Muslime
Regierungsform	Präsidialrepublik
Währung	1 Afghani = 100 Puls
Berlin 12 Uhr	Kabul 15.30 Uhr

Weite Teile von Afghanistan sind Gebirgsland. Das größte Gebirge ist der stark zerklüftete und unwegsame Hindukusch, dessen Gipfel fast 7 500 m hoch ist. Nach Westen hin läuft der Hindukusch wie ein Fächer aus: In seinen Falten liegen Täler, die zum Teil dicht besiedelt sind. Dank künstlicher Bewässerung durch Kanäle gedeihen hier fruchtbare Oasenlandschaften. Im Süden des Landes erstrecken sich Steppen, Halbwüsten und Wüsten. Wegen starker Abholzung und der langen Kriegsjahre haben viele wilde Tiere wie Leoparden und Bären ihren Lebensraum verloren.

Afghanistan ist ein Vielvölkerstaat. Mehr als ein Drittel der muslimischen Bewohner gehört der Volksgruppe der Paschtunen an, die anderen großen Volksgruppen sind Tadschiken, Hazara und Usbeken.

Im 18. Jh. wurde erstmals ein geeintes afghanisches Reich gegründet. Die Briten versuchten mehrfach, das Land unter ihre Herrschaft zu stellen, Ende des 19. Jh. hatten sie schließlich große Teile besetzt. 1919 wurde Afghanistan unabhängig. 1973 wurde der 40 Jahre lang regierende König Zahir Schah vom Militär gestürzt und eine Republik ausgerufen. Doch nur 5 Jahre später kamen durch einen erneuten Putsch die Kommunisten an die Macht. Sie riefen russische Soldaten zu Hilfe, die dann 10 Jahre lang im Land blieben, aber den Widerstand der muslimischen Stammesführer nicht brechen konnten. 1989 verließ die russische Armee das Land. 3 Jahre später stürzten islamische Widerstandskämpfer, die Mudschaheddin, endgültig die kommunistische Regierung. Zwischen den Mudschaheddin kam es wiederum zu heftigen Kämpfen, die von den radikalen Taliban gewonnen wurden: Sie übernahmen 1996 die Macht und gründeten einen streng islamischen Staat. Nach den Terroranschlägen vom 11. September 2001 in New York warfen die USA der Taliban-Regierung vor, dass sie sich nicht an der Suche nach Osama Bin Laden, dem Drahtzieher der Anschläge, beteiligte. Dieser hielt sich in den Bergen Afghanistans versteckt. Zusammen mit Truppen der NATO führten die USA Krieg gegen Afghanistan und stürzten die Taliban. Osama Bin Laden hat man bisher nicht gefunden.

Seit 2002 ist Hamid Karzai Präsident der islamischen Republik. Doch die Menschen, die so viele Jahre unter Krieg, Gewalt und Vertreibung zu leiden hatten, hoffen bisher vergeblich auf einen stabilen Frieden. Die Lage bleibt gefährlich, seit die Taliban wieder Anschläge verüben, bei denen afghanische Bürger und Soldaten ums Leben kommen. Deshalb soll eine Internationale Sicherheitstruppe, der auch deutsche Soldaten angehören, für Sicherheit und Frieden sorgen.

Afghanistan ist eines der ärmsten Länder der Erde und leidet stark unter den Kriegsfolgen. Der Staat ist auf internationale Hilfsgelder angewiesen, mit denen zu großen Teilen Straßen und Schulen wiederaufgebaut werden. Wegen der vielen Berge kann nur ein Zehntel der Landesfläche landwirtschaftlich genutzt werden, die Hälfte davon ist zerstört oder wegen Minen nicht zu bewirtschaften. Im Ausland verkaufen die Afghanen vor allem Trockenfrüchte und Teppiche. Besonders gewinnbringend ist der illegale Anbau von Schlafmohn, aus dem man die Droge Opium gewinnt, die u. a. zu Heroin weiterverarbeitet wird. Den Bauern bringt das wesentlich mehr Geld ein als der Anbau von Getreide.

Durch den Krieg in Afghanistan wurden auch die meisten Schulen zerstört. Seit Kriegsende versucht die Regierung zwar, die Gebäude wieder aufzubauen, aber das geht nur langsam voran: Fast die Hälfte der Kinder kann immer noch nicht wieder zur Schule gehen. Außerdem fehlen für den Unterricht oft die einfachsten Sachen, zum Beispiel Bleistifte oder Hefte. Aber nicht nur der Krieg ist dafür verantwortlich, dass viele Kinder in Afghanistan nicht schreiben, lesen und rechnen können: Für Mädchen war es unter dem strengen Taliban-Regime lange Zeit verboten, in die Schule zu gehen. Sie müssen daher besonders viel aufholen.

„Taliban" ist arabisch und bedeutet „Schüler des Koran". 1996 übernahmen die Taliban in Afghanistan die Macht und gründeten einen islamischen Staat. Das Taliban-Regime setzte seine extremen religiösen Vorstellungen unter Anwendung des islamischen Rechts, der Scharia, mit Gewalt durch. Alle Männer mussten Bärte tragen; Musik, Sport und Fernsehen wurden verboten. Besonders benachteiligt waren die Frauen. Sie durften keinen Beruf ausüben und mussten die Burka tragen, einen Schleier, der bis auf die Augenpartie Kopf und Körper ganz bedeckt.

Quelle: Gehrmann, Alva/Müller, Sandra: Der Fischer Weltalmanach für Kinder. Das Logo-Länderlexikon. Frankfurt/Main: Fischer 2007, S. 250–251.

Aufgabe 28 **Begriffe zuordnen.** In der folgenden Tabelle findest du Begriffe aus dem Text „Afghanistan" (S. 60 ff.). In der ersten Spalte steht ein Wort, zu dem jeweils entweder der Begriff in Spalte A oder B passt. Lies Zeile für Zeile und umkreise gleich beim ersten Lesen möglichst schnell das richtige Wort. Dabei sollst du nicht zum Text zurückblättern.

	A	B
zerklüftet	Gebirge	Armee
Oasenlandschaft	Taliban	künstliche Bewässerung
Taliban	Burka	König Zahir Schah
Hazara	Leoparden	Paschtunen
Schüler des Koran	Taliban	Usbeken
Sicherheitstruppe	Heroin	NATO
Scharia	Minen	Islam
Abholzung	Wüste	Putsch
Hamid Karzai	Hindukusch	Präsidialrepublik
Briten	Osama Bin Laden	Russen

Aufgabe 29 **Überschriften einfügen.** Der Text über Afghanistan (S. 60 ff.) ist in der Ursprungsversion in verschiedene Abschnitte untergliedert. Überlege dir, wo im Text ein neuer Sinnabschnitt beginnt, und markiere diese Stellen, z. B. mit: ⌈.
Finde passende Zwischenüberschriften für die einzelnen Absätze.

1. ______________________________

2. ______________________________

3. ______________________________

4. ______________________________

5. ______________________________

6. ______________________________

Aufgabe 30 **Perspektiven zuordnen.** Vier verschiedene Personen lesen den Artikel über Afghanistan (siehe S. 60 ff.).

- Peter interessiert sich für Religion.
- Stefanie interessiert sich für das Alltagsleben der Menschen.
- Sebastian interessiert sich für die Geschichte.
- Ulrike interessiert sich für Erdkunde.

Unterstreiche die Textteile, die den entsprechenden Leser interessieren würden. Verwende dabei unterschiedliche Farben.

Aufgabe 31 **Lückentext ergänzen.** Vor dem Fall der Mauer 1989 bestand Deutschland aus zwei Staaten – der BRD und der DDR. In der DDR wurden die Menschen von dem Ministerium für Staatssicherheit (kurz: Stasi) überprüft. Wenn sie etwas Unliebsames sagten, konnten sie dafür ins Gefängnis kommen. Öffentlich zugängliche Texte wurden zensiert, d. h., man strich Textstellen, die kritische Aussagen enthielten.
Auch der folgende Text „Die Mauer ist gefallen“ (S. 64 f.) wurde sozusagen „zensiert“ – es fehlen einige Begriffe, die im Folgenden erklärt werden. Lies zunächst die Erklärungen und fülle dann die Lücken im Text. Achtung: Manche Antworten werden mehrfach verwendet.

- **Auf Linie bringen:** Hatte jemand eine Meinung, die der Staatsmacht nicht gefiel, versuchte man, ihn davon abzubringen. Man führte zunächst Argumente an; fruchtete das nicht, setzte man die Person unter Druck.

- **Bürgerrechtler** werden Menschen genannt, die öffentlich für die Menschen- und Bürgerrechte kämpfen, z. B. für das Recht auf Meinungsfreiheit, auf Versammlungsfreiheit, auf freie Wahlen.
- **Operativer Vorgang:** Mithilfe der „operativen Personenkontrolle“ (OPK) versuchte die Staatssicherheit, Informationen über bestimmte Personen zu sammeln. Diesen Prozess bezeichnete man als „operativen Vorgang“.
- **Ministerium für Staatssicherheit (MfS):** der Inlands- und Auslandsgeheimdienst der DDR; das MfS war aber zugleich auch eine Behörde, die untersuchte, ob jemand „politisch auffällig“ war, also etwas gegen den Staat Gerichtetes sagte oder unternahm.
- **IM:** Abkürzung für „Inoffizieller Mitarbeiter“. Die IMs bespitzelten Freunde, Bekannte oder Nachbarn und schrieben darüber Berichte. Zunächst erwarben sie dafür das Vertrauen der Menschen, um dann Material zum Nachweis einer staatsfeindlichen Tätigkeit zu beschaffen.
- **Konspirative Treffen:** (Konspiration von lat. „Verschwörung“): Die Stasi hatte spezielle Wohnungen, in denen geheime Treffen mit IMs stattfanden.
- **Staatsfeindliche Hetze:** Laut politischem Strafrecht der DDR wurden unter diesem Begriff Angriffe gegen die „verfassungsmäßigen Grundlagen der sozialistischen Staats- und Gesellschaftsordnung“ verstanden. Darunter fiel z. B. Kritik an den gesellschaftlichen Verhältnissen oder an den politischen Repräsentanten.
- **Republikflucht:** Im offiziellen DDR-Sprachgebrauch Bezeichnung für die illegale Ausreise aus dem Land.

Text

Die Mauer ist gefallen

Für die offizielle Mitarbeit bei der Staatssicherheit wurden Schüler schon ab der siebten Klasse angeworben. Den Jungen stellte man eine Laufbahn als Stasi-Offizier in Aussicht.

Um unbemerkt Informationen zu beschaffen, brauchte das ____________________ ____ (**a**) inoffizielle Mitarbeiter, die __________ (**b**). Die Personen, die für einen inoffiziellen Dienst geeignet schienen, wurden von Stasi-Mitarbeitern vorgeschlagen. Die jeweilige Dienststelle lud die betreffende Person zu einem Anwerbungsgespräch ein. Über den Inhalt des Gespräches war absolutes Stillschweigen zu bewahren, egal, ob die

Anwerbung erfolgreich war oder nicht. Andernfalls musste die betreffende Person mit Konsequenzen rechnen. […]

Die Aufgabe der inoffiziellen Mitarbeiter bestand darin, Berichte über bestimmte Personen oder Vorgänge anzufertigen. Die __________ (**c**) erhielten Decknamen, unter denen sie ihre Berichte in ______________________________ (**d**) ablieferten. Die offiziellen Stasi-Mitarbeiter werteten die Informationen aus und legten Akten an. Im Laufe der Jahre wurden etwa 175 000 __________ (**e**) für die sogenannten ______________________________ (**f**) angeworben.

Das ______________________________ (**g**) unterhielt eigene Untersuchungshaftanstalten für politische Gefangene. In diesen Gefängnissen wurden ebenfalls __________ (**h**) eingesetzt und angeworben. Wenn der Inhaftierte bereit war, eine Spitzeltätigkeit aufzunehmen, stellte man ihm die Entlassung und Privilegien in Aussicht. Man versuchte zum Beispiel, inhaftierte __________ (**i**) zum Verrat an den eigenen Freunden zu bewegen, um gegen Bürgerrechtsbewegungen vorzugehen. Wer nicht zur Zusammenarbeit bereit war, musste mit verschärften Haftbedingungen rechnen.

Ein Grund, warum man in Untersuchungshaftanstalten der Staatssicherheit inhaftiert wurde, war zum Beispiel die versuchte ____________________ (**j**). Einige Schriftsteller, die versuchten, ihre Bücher im Westen zu veröffentlichen, wurden ebenfalls inhaftiert. Bürgerrechtler, die sich öffentlich mit Flugblättern oder Zeitschriften für eine Demokratie in der DDR einsetzten, wurden zum Teil in den Haftanstalten festgehalten. Die politischen Gefangenen wurden meist wegen ______________________________ (**k**) verurteilt, allerdings erst nach Monaten der Einzelhaft und stundenlangen

Verhören. Die Häftlinge sollten ______________________________ (1) werden.

Politische Gefangene konnten auf einen Häftlingsfreikauf hoffen, der auf Initiative der BRD ab 1963 eingeführt wurde. Bis 1989 wurden 33 755 politische Häftlinge von der Bundesrepublik freigekauft. Als Gegenleistung wurden bis zu 40 000 DM pro Häftling an die DDR ausgezahlt oder Waren im selben Wert geliefert, an Weihnachten zum Beispiel Apfelsinen.

Quelle: Fritsche, Susanne: Die Mauer ist gefallen. Eine kleine Geschichte der DDR. München: Hanser 2004, S. 86–87.

Aufgabe 32 **Schaubild erstellen.** Fasse die Informationen aus dem Text „Die Mauer ist gefallen“ (S. 64 f.) in einem Schaubild zusammen:

Aufgabe 33 **Kleinschreibung korrigieren.** Bestimmt sagt dir *Der Herr der Ringe* etwas. Vielleicht hast du die Verfilmung gesehen oder sogar die entsprechenden Bücher gelesen. Der folgende Text erzählt von seinem Autor John Ronald Reuel Tolkien. Leider hat ihn jemand verfasst, der Groß- und Kleinschreibung völlig überflüssig findet. Das kannst du sicher verstehen – hast du dich nicht selbst schon oft gefragt, warum man sich das Leben damit unnötig schwer macht? Aber wie lässt sich so ein Text lesen?

Überzeuge dich selbst. Wenn du deine Rechtschreibung trainieren willst, dann verbessere am Rand alle Wörter, die eigentlich großgeschrieben werden.

Text **j. r. r. tolkien: der herr der ringe (1954/1955)**

unzählige, vor allem junge leser haben tolkiens „herrn der ringe“ verschlungen. inzwischen existieren auch zahllose internetforen, die das leben in mittelerde nachspielen. tolkien hat eine eigene welt erschaffen und die forschungen dazu gleich mitgeliefert. wen die bücher nicht erreichten, der war von den verfilmungen begeistert. j. r. r. tolkien ist der begründer der modernen fantasy-literatur.

die 1960er jahre hatten gerade begonnen, da kam in den usa ein raubdruck der englischen originalausgabe von „the lord of the rings“ in umlauf, der tolkiens werk zu einem kultbuch machte. geradezu verspätet und erst durch den raubdruck trat dieses buch den siegeszug an. die fangemeinde wuchs immens an, weltweit. von da an sollte das interesse an den werken tolkiens nicht mehr nachlassen. „der herr der ringe“, vor allem aber dessen unerwarteter erfolg, regte viele autoren an, in dieser weise welten zu erfinden. viele hatten erfolg, doch nur wenige erreichten tolkiens qualität, denn zwischen ihnen bestand ein bedeutender unterschied: bildung.

Quelle: Tödliches Gift der Macht. J. R. R. Tolkien: Der Herr der Ringe (1954/1955). In: Herles, W. (Hrsg.): Bücher, die Geschichte machten. München: cbj 2007, S. 292.

Aufgabe 34 **Wörter nachschlagen.** Bist du nach Aufgabe 33 neugierig geworden? Im Folgenden erfährst du Tolkiens Erfolgsgeheimnis. Lies den Text und unterstreiche zunächst diejenigen Wörter, die dir unverständlich sind. Kläre sie dann mithilfe eines Lexikons oder des Internets. Du kannst dafür die Randspalte nutzen.

Text

Tödliches Gift der Macht (Auszug)

Natürlich kann man sich Welten und seltsame Figuren ausdenken, doch Tolkiens Fantasie trieb nicht Fantasterei an, sondern Wissen über die keltische und germanische Mythologie und natürlich die Leidenschaft des Fabulierens, die Lust, die Grenzen dessen, was man mit wissenschaftlichen Methoden darstellen konnte, spielerisch zu überspringen. Denn auf dem Grund unserer Einbildung webt eine Kraft, die den Menschen bereits an den frühesten Lagerfeuern dazu trieb, erfundene Geschichten zu erzählen, um sich in der Welt zurechtzufinden. Wir haben es bedauerlicherweise vergessen, aber die mythische, die eigentliche Funktion des Erzählens besteht nicht in der Unterhaltung, sondern in der Orientierung. [...]

Im „Herrn der Ringe" geht es um die Wirkung der guten und der bösen Macht, und um die Bewährung, denn um Macht im Guten ausüben zu können, bedarf es großer Tugend und Charakterstärke. Demjenigen, dem Macht nichts bedeutet, wie dem freundlichen Hobbit Frodo Beutlin, kann es gelingen, ihr nicht zu erliegen und den Ring der Macht tatsächlich zu vernichten. Aber wie man in Tolkiens Romanen spannend miterlebt, wird das für den kleinen Hobbit der große Kampf seines Lebens, und dabei hängt doch an ihm so viel, das Glück der Menschen und der Elben, der Zwerge und der Hobbits, kurz des Lebens. Insofern werden Tolkiens Ring-Romane zu einer großen Geschichte über Macht und Menschlichkeit.

Shakespeare und andere Quellen als Inspiration für den „Herrn der Ringe"

Dass der Professor für englische Philologie seinen Shakespeare sehr gut kannte, und mithin auch dessen düsteres Drama „Macbeth", ist sicher, aber er kannte und nutzte auch andere Quellen für seine große Trilogie.

In der frühen englischen Literatur fließen verschiedene Literaturen zusammen. Den Hintergrund für den Kreis der Artus-Geschichten bilden zum einen die Christianisierung Englands im 6. Jahrhundert und die Auseinandersetzung zwischen Kelten und Sachsen. Tolkien war mit diesen Legenden sehr gut vertraut, denn er veröffentlichte eine wissenschaftliche Arbeit über die Geschichte von „Sir Gawain and the Green Knight" (Herr Gawain und der grüne Ritter), eine der frühesten Geschichten aus dem Artus-Kreis. Wenn Tolkien in den Ring-Romanen immer wieder auf ältere Überlieferungen verweist, dann spielt er deutlich auf die Überlieferungssituation der ältesten englischen Literatur an, die sich aus keltischen und altsächsischen Quellen speiste. Denn zum einen steht das von Tolkien geliebte altsächsische Beowulf-Epos Pate, zum anderen wurde aber die frühe keltische Literatur in vier alten Büchern erhalten: dem „Weißen Buch von Rhydderch", dem „Roten Buch von Hergest", dem „Buch von Taliesin" und dem „Buch von Aneirin". Tolkien hatte diesen realen Überlieferungen nun mit seinen Ring-Romanen fiktiv die sechs Bücher von Mittelerde hinzugefügt, so als habe der Wissenschaftler Zugang zu dem verlorenen und geheimen Wissen der Kelten von Wales erhalten, die kymrisch sprachen, ein Idiom, das Tolkien erlernt hatte. Die Elben nun stammten von dem anderen großen keltischen Volk ab, nämlich von den Iren, in deren Überlieferung sie eine große Rolle spielen.

Tolkien gelang es, das Wissen des Forschers mit einem wahrhaft großen Thema zu verbinden und es zudem als begnadeter und fantasievoller Erzähler auch noch spannend zu gestalten. Es geschieht selten, dass all dies zusammenkommt, denn einigen, die in seine Fußstapfen traten, fehlt das Thema, anderen das Wissen, wiederum anderen die Gabe der Fantasie, die immer konkret ist und nie beliebig.

Quelle: Tödliches Gift der Macht. J. R. R. Tolkien: Der Herr der Ringe (1954/1955). In: Herles, W. (Hrsg.): Bücher, die Geschichte machten. München: cbj 2007, S. 294–297.

Aufgabe 35 **Schlüsselwörter markieren.** Lies den Text (S. 68 f.) nochmals und unterstreiche dabei die Schlüsselwörter mit einer anderen Farbe. Schreibe sie stichpunktartig auf einen Spickzettel.

Aufgabe 36 **Aus Schlüsselwörtern Text zusammenfassen.** Erstelle mithilfe deines Spickzettels aus Aufgabe 35 eine kurze Zusammenfassung des Inhalts.

Aufgabe 37 **Detailinformationen erfassen.** Finde zu den folgenden Antworten die entsprechenden Fragen zum Text (S. 68 f.) und notiere, in welcher Zeile sich die Antwort findet.

1. Er lernte kymrisch.

2. Derjenige, dem Macht nichts bedeutet.

3. Tolkien liebte das Beowulf-Epos.

4. Seine eigentliche Funktion besteht in der Orientierung.

5. Sie stammen von den Iren ab.

6. Tolkien schrieb sie über *Sir Gawain and the Green Knight.*

7. Sein Wissen über die keltische und germanische Mythologie trieb sie an.

8. Die Christianisierung Englands im 6. Jahrhundert und die Auseinandersetzung zwischen Kelten und Sachsen bildeten den Hintergrund dafür.

3 Lexikonartikel

Ein Lexikon (Plural: die Lexika) ist ein alphabetisch geordnetes **Nachschlagewerk**. Die Beiträge darin nennt man Lexikonartikel. Mithilfe dieser Texte kannst du **Informationen zu einem bestimmten Suchbegriff** finden. Längere Artikel werden **in Abschnitte aufgeteilt** und teils mit Ziffern untergliedert (z. B. 1. Definition des Begriffs, 2. Herkunft des Begriffs, 3. Geschichte des Begriffs, 4. heutige Verwendung des Begriffs usw.).
Bei der Erläuterung des Suchbegriffs findest du meist **Querverweise:** Denn oft werden Begriffe verwendet, die du auch wieder nachschlagen kannst. Diese Querverweise sind meist durch einen Pfeil gekennzeichnet.
Nachdem es Lexika lange Zeit nur in **Buchform** gab, kann man sich heute auch im **Internet** informieren. Während gedruckte Nachschlagewerke in bestimmten Bereichen rasch veralten (weil es z. B. einen Regierungswechsel in einem Land gibt), kann man im Netz sofort Informationen über ein aktuelles Ereignis finden. Je nach Thema bietet sich also eher die eine oder die andere Quelle an.

Auch bei einem Lexikonartikel solltest du dir vor der genaueren Analyse klar machen, was du schon über das Thema weißt und welche Informationen du genau finden möchtest. Lies den Artikel dann einmal ganz durch und lass dich nicht von Informationen ablenken, die nicht zur Klärung deiner Frage beitragen. **Markiere** die wichtigsten Punkte im Text und **schreibe** sie dir anschließend **heraus**. Achte besonders auf:

- **Symbole** (z. B. Zeichen, die auf ein zugehöriges Bild hinweisen, ® = durch Marken geschützte Wörter, Symbole für Hauptstädte u. Ä.)
- **Abkürzungen** (z. B. „dt." für „deutsch" oder „Fam." für „Familie")

Diese Zeichen und Kürzel werden in der Regel in einer **Übersicht** erklärt, die du am Anfang oder Ende des Lexikons findest. Wenn du einen Lexikonartikel untersuchst, musst du überdies besonders auf die folgenden Punkte achten:

Untersuchungsbereiche von Lexikonartikeln

- Gibt es eine Angabe über die **Herkunft** des Begriffs und seine ursprüngliche Bedeutung (z. B. „lat." für „aus dem Lateinischen")?
- Hat der gesuchte Begriff verschiedene **Bedeutungen**? Welche davon ist für dich interessant?
- Welche zentralen Daten, Fakten und **Informationen** erhältst du zu deinem Suchbegriff?
- Gibt es Begriffe, zu denen du durch **Querverweise** wichtige, weiterführende Informationen findest?

Aufgabe 38 **Lexikonartikel lesen.** Weißt du, was man unter dem Begriff „Dioskuren“ versteht? Im Folgenden kannst du dich darüber informieren. Lies zunächst die drei Lexikonartikel aus verschiedenen Quellen. Am Rand kannst du dir erste Notizen machen.

Text
Jugend-Brockhaus

Dioskuren (griechisch ‚Söhne des Zeus‘): Die Zwillingsbrüder Kastor und Polydeukes, von den Römern Castor und Pollux genannt, wurden als Söhne des Zeus verehrt. Pollux war als Faustkämpfer bekannt. Castor als Rossebändiger. Gemeinsam bestanden sie viele Abenteuer. So eroberten sie ihre von dem attischen König Theseus entführte Schwester Helena zurück und nahmen am Zug der → Argonauten teil.

Quelle: Dioskuren. In: Strzysch, Marianne (Red.): Der Jugend-Brockhaus. 2. Band. Leipzig/Mannheim: F. A. Brockhaus 1996 (3. Aufl.), S. 217.

Text
Meyers Enzyklopädisches Lexikon

Dioskuren (diskouroi), Kastor und Polydeukes (lat. Pollux), göttl. Zwillinge der griech. Mythologie. Trotz ihres Namens „D.“, durch den sie beide als Zeussöhne bezeichnet sind, gibt es verschiedene Versionen über ihre Herkunft: Nach Homer sind sie wie Klytämnestra Kinder des Tyndareos und der Leda, mit der Zeus nur Helena zeugt; nach anderen sind Helena und Polydeukes göttl. Abstammung, Kastor und Klytämnestra Sterbliche. Die D., von denen Kastor als Rossebändiger, Polydeukes als Faustkämpfer Ruhm erlangt, nehmen am Zug der Argonauten und an der Kalydonischen Jagd (→ Meleagros) teil. Als sie ihren messen. Vettern Idas und Lynkeus die Bräute entführen wollen, wird Kastor von Idas erschlagen, während Polydeukes Lynkeus tötet. Um die Zwillinge nicht zu trennen, gestattet ihnen Zeus, gemeinsam je einen Tag in der Unterwelt und einen im Olymp zu verbringen. – Von Sparta ausgehend, eroberte sich der Kult der überaus populären D., die man v. a. als Helfer in Seenot anrief, Griechenland und Italien. – Dargestellt sind die D. schon auf griech. Vasen (z. B. „Heimkehr der D." auf einer Amphora des Exekias, um 530 bis 525, Vatikan. Sammlungen), in der röm. Kunst u. a. als Freiplastik (Die „D. die Rosse bändigend" auf dem Monte Cavallo in Rom, 330 n. Chr., wohl von den Thermen des Konstantin). In der Neuzeit ist wohl die berühmteste Darstellung der D. „Der Raub der Töchter des Leukippos" von Rubens (München, Alte Pinakothek).

Quelle: In: Meyers Enzyklopädisches Lexikon Bd. 6, Mannheim/Wien/Zürich: Lexikon-Verlag 1980, S. 353–354.

Text

Wikipedia

1 Unter den **Dioskuren** (altgriechisch **Διόσκουροι** – Dios kouroi, Söhne des Zeus) versteht man in der griechischen Mythologie die Halb- und Zwillingsbrüder Kastor und Polydeukes. Häufig werden sie mit ihren lateinischen Namen **Castor** und **Pollux** genannt, in welcher Form sie darüber hinaus Namensgeber eines hellen Sternpaares im Wintersternbild der Zwillinge sind.

Polydeukes war der Sohn von Leda und Zeus, der ihr in Gestalt eines Schwans erschien. Über Kastors Abstammung herrschte unter den Griechen Uneinigkeit. Für die einen galt er als der Sohn der Leda und deren Gatten Tyndareos und wurde in derselben Nacht wie Polydeukes gezeugt. Da sie in der gleichen Nacht empfangen wurden, sind sie Zwillinge und unzertrennlich, allerdings war Polydeukes als Zeus' Sohn ein Halbgott, Kastor aber ein Sterblicher. Für die anderen war Kastor wie sein Bruder ebenfalls ein Sohn des Zeus.

Beide nahmen an der Fahrt des Iason und der Argonauten auf der Suche nach dem Goldenen Vlies teil. Sie begleiteten Herakles auf dem Weg zu den Amazonen.

Das Ende der Dioskuren wurde durch einen von Kastor vom Zaun gebrochenen Streit mit seinem Cousin Idas eingeleitet. Idas erschlug (den sterblichen) Kastor, daraufhin tötete Polydeukes Idas' Bruder Lynkeus. Zeus griff ein, indem er Idas mit einem Blitz vernichtete. Der – aufgrund seiner Abstammung – unsterbliche Polydeukes trauerte fortan um seinen Bruder. Er bat seinen Vater, er möge ihm die Unsterblichkeit nehmen, um zu seinem Bruder in das Totenreich gehen zu können.

Gerührt von so viel Liebe, ließ Zeus seinen Sohn wählen, entweder ewig jung zu bleiben und unter den Göttern zu wohnen oder mit Kastor jeweils einen Tag im unterirdischen Reich des Hades (Reich der Toten) und einen Tag im Olymp bei den Göttern zu weilen und dabei zu altern und letztlich zu sterben. Ohne zu überlegen, wählte Polydeukes die zweite Variante und wanderte von da an mit seinem Bruder zwischen dem Olymp und dem Hades.

Oft werden jedoch beide ihrem Namen entsprechend als Söhne des Zeus bezeichnet, die beide unsterblich gewesen seien und mit Helena, ihrer Schwester und ebenfalls einer Tochter des Zeus, aus einem Ei oder als Brüderpaar aus einem zweiten Ei gesprungen seien. Sie gelten als der Stolz Spartas.

Als Sternbild hatten sie besondere Beziehungen zur Seefahrt und waren dort helfende Gottheiten, die man in Seenot anrief. Der Dioskurenkult verbreitete sich zunächst über die ganze Peloponnes und über das hellenistische Kleinasien, auf Samothrake (vor den Dardanellen) hatten sie ein bedeutendes Heiligtum. Auch in der etruskischen Mythologie spielten sie eine wichtige Rolle.

In Rom, wo sie der Sage nach bei der Schlacht am Regillus lacus (um 500 v. Chr.) auf Seiten der Römer gegen die Latiner eingriffen, bestand ein ausgeprägter Dioskurenkult. Auf dem Forum Romanum fand sich ein Tempel der Dioskuren.

Die deutsche Redensart zur Bezeichnung eines unverbrüchlichen Freundespaars „wie Castor und Pollux" hat sich bis heute gehalten.

Quelle: Wikipedia. Die freie Enzyklopädie. http://de.wikipedia.org/wiki/Dioskuren (Stand: 23.02.2010).

Aufgabe 39 **Lexikonartikel vergleichen.** Lies die drei Dioskuren-Texte (S. 73 ff.) nochmals und vergleiche dabei die drei Fassungen:

a) Markiere in allen Texten die Definition des Begriffs in seiner allgemeinen Bedeutung. Welche Wörter könnten jeweils im Lexikon noch genauer nachgeschlagen werden? Umkreise sie. Wie werden sie im Text besonders hervorgehoben?

b) Wo gibt es Abkürzungen? Unterstreiche sie. Was bedeuten sie?

c) Sind die Artikel in Sinnabschnitte unterteilt? Markiere den Beginn eines neuen Abschnitts mit ⌈ und suche jeweils eine Überschrift dazu. Dafür kannst du die Randspalte benutzen.

d) Überlege, wie in den drei Texten jeweils die ursprüngliche Sage wiedergegeben wird. Worin unterscheiden sich die Versionen dabei?

4 Besonderheiten bei digitalen Quellen

Das Internet bietet praktische Informationsmöglichkeiten. Es ist allerdings wichtig, dass du Texte aus dem Internet immer **kritisch hinterfragst**. Anders als bei einem Buch, bei dem der Autor stets genannt wird, ist der **Urheber** bei Internet-Einträgen manchmal **schwieriger nachzuverfolgen**. Ein derartiger Text kann **verschiedenen Zwecken** dienen: Vielleicht soll er informieren; vielleicht will der Autor aber auch Werbung in eigener Sache machen und z. B. ein Produkt anpreisen. Zudem kann es immer passieren, dass jemand über ein Themengebiet schreibt, auf dem er kein Experte ist.
Bestimmt hast du schon einmal bei **Wikipedia** recherchiert. Und spätestens bei den Aufgaben 38 und 39 (S. 73 ff.) hast du bereits mit einem der dort veröffentlichten Texte gearbeitet. Doch auch bei der Arbeit mit Wikipedia ist Vorsicht geboten. Denn das **Internet-Lexikon** hat sowohl Vor- als auch Nachteile:

Vorteile von Wikipedia:
- Es ist **kostenlos**.
- Es ist ziemlich **aktuell**, weil jeder Nutzer Artikel verändern kann.
- Es bietet über Links schnell **Hintergrundinformationen**. Dazu klickst du mit dem Mauszeiger auf die blau markierten und dann unterstrichenen Wörter und gelangst so zu anderen Einträgen, die wiederum das unterstrichene Wort erklären.

Nachteile von Wikipedia:

- Wenn man alle unterstrichenen Wörter überprüft, kostet das **viel Zeit** und führt manchmal sehr weit vom Thema weg.
- Wikipedia-Einträge können **fehlerhaft** sein, weil sie beliebig verändert werden können und nicht von Fachleuten geprüft werden. Manchmal schreiben Autoren auch einfach von anderen **ungeprüften** Quellen ab. So finden sich immer wieder falsche oder oberflächliche Informationen.

Tipp

Achtung!
Auch Internet-Einträge sind **geistiges Eigentum** der Autoren! Schreibe sie also nicht einfach ab und gib sie nicht als eigene Gedanken aus, denn das ist „geistiger Diebstahl“. Gib deshalb immer die **Quelle** genau **an**!

Aufgabe 40 **Wortbedeutungen erschließen.** Wikipedia nennt zum Stichwort „Dioskuren“ bzw. „Castor und Pollux“ neben dem Text auf Seite 74 ff. weitere Begriffsbedeutungen. Lies zunächst den folgenden Auszug.

Text

Dioskuren – andere Wortbedeutungen

- Der Name einer Tragödie (Oper) von Jean-Philippe Rameau
- Zwei einander unähnliche, auf demselben Grundstück errichtete Frankfurter Hochhäuser wurden nach den mythischen Zwillingen benannt, siehe Kastor und Pollux (Hochhäuser)
- Dioskuren (Zeitschrift) war eine Zeitschrift des Jungen Deutschland, unter der Redaktion von Theodor Mundt
- Castor und Pollux Troy, ein terroristisches Brüderpaar in dem Film „Face/Off – Im Körper des Feindes“ von Regisseur John Woo.
- Die deutschen Dichter Goethe und Schiller, die in Weimar mit dem Goethe-Schiller-Denkmal vor dem Deutschen Nationaltheater in einem Doppelstandbild von Ernst Rietschel in Stein verewigt worden sind, werden oft als Dioskurenpaar bezeichnet.
- zwei Berggipfel in der Schweiz (Gebiet Zermatt/Wallis)
- zwei Elefanten, siehe Castor und Pollux (Elefanten)

Quelle: Wikipedia. Die freie Enzyklopädie. http://de.wikipedia.org/wiki/Dioskuren (Stand: 23. 02. 2010).

Aufgabe 41 **Wortbedeutungen unterscheiden.** In den beiden Wikipedia-Texten zum Thema „Dioskuren"/„Castor und Pollux" (siehe S. 74 f. und S. 78) werden insgesamt zehn verschiedene Bedeutungen des Begriffs aufgeführt.

a) Unterstreiche in beiden Texten die verschiedenen Begriffsbestimmungen und zähle sie in der folgenden Tabelle auf. Ein Beispiel ist bereits eingetragen.

1.	griechische Mythologie
2.	
3.	
4.	
5.	
6.	
7.	
8.	
9.	
10.	

b) Welche Bedeutung passt jeweils zu den folgenden Aussagen? Trage die entsprechende Ziffer aus Aufgabe a) in die Lücken ein.

Sie hielten zusammen wie Castor und Pollux. (_____)

Wir hatten uns für den Sommer Castor und Pollux vorgenommen. (_____)

Gehst du mit mir morgen Abend in „Castor und Pollux"? (_____)

Wir treffen uns heute Nachmittag bei Castor und Pollux. (_____)

„Dioskuren" sollte verboten werden. (_____)

Castor liebte seinen Bruder Pollux. (_____)

Als es dunkel war, hielten wir Ausschau nach Castor und Pollux. (_____)

Castor und Pollux mussten 1870 auf dem Höhepunkt einer Hungersnot geschlachtet werden. (_____)

Aufgabe 42 **Lexikonartikel selbst schreiben.** Kennst du das Lexikonspiel? Dabei soll zu einem Wort aus dem Lexikon ein ausgedachter Artikel geschrieben werden, der möglichst gut den Stil von Lexikonartikeln nachahmt. Ein Spielleiter liest alle ausgedachten und den richtigen Lexikonartikel vor. Einen Punkt bekommt, wer den richtigen Artikel erraten hat. Aber auch wenn die eigene, erfundene Erklärung von einem Mitspieler für wahr gehalten wurde, gibt es dafür einen Punkt.

Schreibe einen derartigen Lexikonartikel zu einer der folgenden (ausgedachten) Tierarten:

Indisches Wackelschwein	gestreiftes Riesenhörnchen
ostasiatische Polterechse	karierte Parallelspinne

Gebrauchstexte

Mit Gebrauchstexten hast du in deinem alltäglichen Leben sicher immer wieder zu tun. Ob es sich um die Bedienungsanleitung für das neue Handy handelt oder um eine Spielanleitung, ob du die Öffnungszeiten des Schwimmbads studierst oder einen Ratgeber für die Haltung deiner Katze – immer liest du **knappe, informative Texte**, die du **praktisch anwenden** kannst. Zu Gebrauchstexten gehören Rezepte, Gebrauchsanleitungen für technische Geräte, Spiel- und Bastelanleitungen, Gesetzestexte oder Ratgeber. Sie alle benutzt du, weil sie dir auf möglichst klare und eindeutige Weise zeigen, wie du dich verhalten sollst.

Gebrauchstexte enthalten meist
- eine Aufzählung der benötigten Mittel,
- eine Erklärung der Vorgehensweise und
- Abbildungen, die den Vorgang veranschaulichen.

Wie du verfahren kannst, um verschiedene Formen von Gebrauchstexten zu untersuchen, kannst du im Folgenden nachlesen und üben.

1 Ratgeber

Ratgeber sollen helfen, das Alltagsleben besser zu meistern. Sie geben z. B. **Tipps** für die eigene Gesundheit oder Hilfestellungen für die Arbeit in Haus und Garten, den Umgang mit Haustieren usw. Dabei sollen sie zwar **Fachwissen** vermitteln, aber möglichst **nah am Alltag** der Menschen sein, damit die Ratschläge auch umgesetzt werden können. Oft sind sie bebildert, was sie noch **anschaulicher** macht.
Meist stellen Ratgeber erst allgemein einen **Sachverhalt** dar (z. B. die Haltung eines Hundes), um im Anschluss genauer auf einzelne **Unterpunkte** der Thematik einzugehen (wie etwa das benötigte Futter, notwendige Impfungen usw.). Texte in Ratgebern folgen in der Regel einem festen **Aufbaumuster**: Meist wird zunächst ein bestimmtes Problem, wie z. B. die Symptome einer Krankheit, vorgestellt. Im Anschluss erhältst du konkrete Hinweise zur Lösung dieses Problems. Bei der Untersuchung eines Ratgebers helfen dir die folgenden Fragestellungen:

Untersuchungsbereiche von Ratgebern

- Welche Thematik wird angesprochen? Handelt es sich um ein allgemeingültiges Problem oder gilt die Aussage nur in bestimmten Fällen?
- Wie ist der Text aufgebaut?
- Welche konkreten Ratschläge erhältst du?
- Gibt es besondere Fachbegriffe, die zum Verständnis des Sachverhalts notwendig sind?

Aufgabe 43 **Stolperwörter finden.** Es gibt viele Ratgeber, die Hundehaltern bei der Erziehung ihres Haustiers helfen – vor allem, wenn Verhaltensprobleme auftauchen. Der folgende Text gibt Betroffenen Tipps im Falle eines dieser Probleme.
Dabei hat sich aber in jedem Satz ein falsches Wort eingeschlichen, das du erst einmal finden musst. Lies den Text laut vor und lass dabei die störenden Wörter weg oder lies leise und streiche die falschen Begriffe durch.

Text **Furchtaggression**

Furcht**aggression** Angst tritt am häufigsten bei Hunden aus Tierheimen auf und liegt daran, dass sie früher missbraucht wurden. Diese Tiere benötigen fünfzehn **Rehabilitation**.

Hunde, die aus Angst aggressiv sind, zeigen schon mit drei Monaten auf typische Verhaltensmuster. Sie reagieren beißen verängstigt, selbst wenn gar kein Grund vorliegt. Ein nahender Fußgänger oder ein Gegenstand belohnen auf der Straße jagt ihnen Angst ein. Sie reagieren eine mit Knurren, Zittern, Schwanz zwischen die Beine klemmen, möglicherweise **urinieren** sie oder setzen Kot ab. Nacken- und Rumpfhaare werden kaputt aufgestellt. Es ist und wichtig, mit einem solchen Tier zum Verhaltensspezialisten zu gehen. Oftmals benötigen sie Medikamente schlafen und ein **Desensibilisierungsprogramm**. Dabei wird der Hund schrittweise dem Angst Sie verursachenden Auslöser ausgesetzt. Gleichzeitig für wird er einer **Entspannungstherapie** unterzogen. Zwischenzeitlich können Sie zu folgenden wenn Maßnahmen greifen:

- Vermeiden Sie, Ihren Hund ohne angstauslösenden Dingen auszusetzen, bis Sie entsprechende Hilfe gefunden haben.

- Streicheln Sie ihn nicht, wenn er ängstlich Katze ist. **Ignorieren** Sie dies ihn stattdessen.
- Wenn bei er sich entspannt, belohnen Sie ihn.

Quelle: Meadows, Graham/Flint, Elsa: Mein Hund. Alles Wissenswerte rund um den besten Freund des Menschen. Fränkisch Grumbach: Edition Xxl 2007, S. 89.

Aufgabe 44 **Fremdwörter nachschlagen.** In diesem Text (S. 82 f.) gibt es einige Fremdwörter, die farbig gedruckt sind. Schlage ihre Bedeutung im Fremdwörter-Duden nach. Versuche, die Begriffe dann mit eigenen Worten zu erklären.

Aufgabe 45 **Multiple Choice.** Kreuze die richtigen Aussagen zum Text (S. 82 f.) an.

a) ☐ Besonders Hunde unter drei Monaten reagieren mit Furchtaggression.
☐ Alle Hunde reagieren mit Furchtaggression.
☐ Besonders Hunde aus Tierheimen reagieren mit Furchtaggression.
☐ Furchtaggression tritt nur bei männlichen Hunden auf.

b) ☐ Ängstliche Hunde übergeben sich.
☐ Ängstliche Hunde gähnen oft.
☐ Ängstliche Hunde stellen ihre Nackenhaare auf.
☐ Ängstliche Hunde wedeln mit dem Schwanz.

c) ☐ Ängstliche Hunde sollen oft angstmachenden Situationen ausgesetzt werden.
☐ Ängstliche Hunde sollen möglichst oft gestreichelt werden.
☐ Ängstliche Hunde sollen nicht zum Verhaltensspezialisten.
☐ Ängstliche Hunde sollen belohnt werden, wenn sie sich entspannen.

2 Rezepte und andere Anleitungen

Anleitungen sollen dir helfen, eine bestimmte **Handlung auszuführen**. Dazu erklären sie dir das nötige Vorgehen **Schritt für Schritt**. Du hast bestimmt schon verschiedene Formen von Anleitungen kennengelernt:

- Gebrauchsanleitungen erklären dir, wie man Geräte in Gang setzt und bedient.
- Bastelanleitungen zeigen dir, wie du einen bestimmten Gegenstand bastelst, was du also faltest, aussägst, lötest, klebst, ...
- Rezepte oder Kochanleitungen zeigen dir, wie du bestimmte Gerichte zubereitest, z. B. wie du einen Kuchen backst.
- Spielanleitungen erklären, nach welchen Regeln du ein bestimmtes Gesellschaftsspiel oder Sportspiel spielst.

Anleitungen enthalten meist eine Aufzählung der benötigten **Mittel:** Beim Kochen sind das die nötigen **Utensilien** (Messbecher, Löffel, Waage, ...) und **Zutaten** (Mehl, Öl, Eier, ...), beim Basteln das **Handwerkszeug** (Säge, Schere, Kleber, ...) und verwendeten **Materialien** (Holz, Papier, Metall, ...), beim Spielen alle Bestandteile des Spiels und evtl. **Hilfsmittel** wie Papier und Stift usw. Bei dem Einsatz von Materialien sind meist genaue **Mengenangaben** einzuhalten. Zudem wird das genaue Vorgehen sowie der **Ablauf** der betreffenden Handlung angegeben, also z. B. in welcher **Reihenfolge** („schneide erst aus und klebe dann") oder wie lange („Koche den Reis 10 Minuten lang.") du bestimmte Schritte vornehmen musst. Wichtig ist, dass du auch hier genau die Reihenfolge und die **Zeitangaben** einhältst. In manchen Fällen kommen bestimmte Regeln dazu, etwa Temperaturangaben beim Kochen. Auch diese sind genau einzuhalten. In vielen Anleitungen finden sich zudem **Zeichnungen** oder **Fotos**, die das Erklärte veranschaulichen. Sie sind aber meist nur verständlich, wenn du sie im Zusammenhang mit dem Text liest.

Untersuchungsbereiche von Anleitungen

- Welche **Mittel** werden benötigt?
- Gibt es **Mengenangaben** für den Einsatz der Materialien, Zutaten usw.?
- In welchen **Schritten** läuft die gezeigte Handlung ab?
- Wird eine bestimmte **Dauer** für die einzelnen Schritte empfohlen?
- Gibt es **Abbildungen**, die das Vorgehen erläutern?
  Gewinnst du zusätzliche Informationen daraus?

Tipp

Bei Anleitungen ist es besonders wichtig, Schritt für Schritt den Vorgaben zu folgen. Du kannst nicht einfach die Reihenfolge ändern oder mehr oder weniger von einer Zutat benutzen, als angegeben ist – sonst entspricht das Ergebnis nicht dem, das du erhalten möchtest.

2.1 Rezepte

Ein Kochrezept ist eine Anleitung zur Zubereitung eines bestimmten Gerichts. Es enthält möglichst genaue

- Mengenangaben,
- Temperaturangaben und
- Zeitangaben.

Aufgabe 46

Texte ordnen. Im Folgenden sind drei Rezepte durcheinandergeraten, nämlich die für

- Wrap aus Ei-Mayo & süßsaurer Gurke
- Tortilla – spanisches Kartoffelomelett
- Eier-Bratreis

Lies genau und entscheide, welcher Satz zu welchem Rezept gehört. Als Hilfestellung kannst du zunächst der vorangestellten Übersicht entnehmen, welche Zutaten jeweils benötigt werden. Markiere anschließend die Sätze

- für das erste Rezept grün,
- für das zweite rot und
- für das dritte schwarz.

Dafür kannst du die Randspalte benutzen. Unterstreiche zudem in jedem Satz die Wörter, die bei der Zuordnung geholfen haben. Nummeriere dann die Arbeitsschritte jeweils in der richtigen Reihenfolge.

Hinweis: Im Lösungsteil sind die Rezepte übrigens komplett enthalten. Probier doch mal eins aus und überrasche deine Familie oder deine Freunde mit einem leckeren Essen!

Text

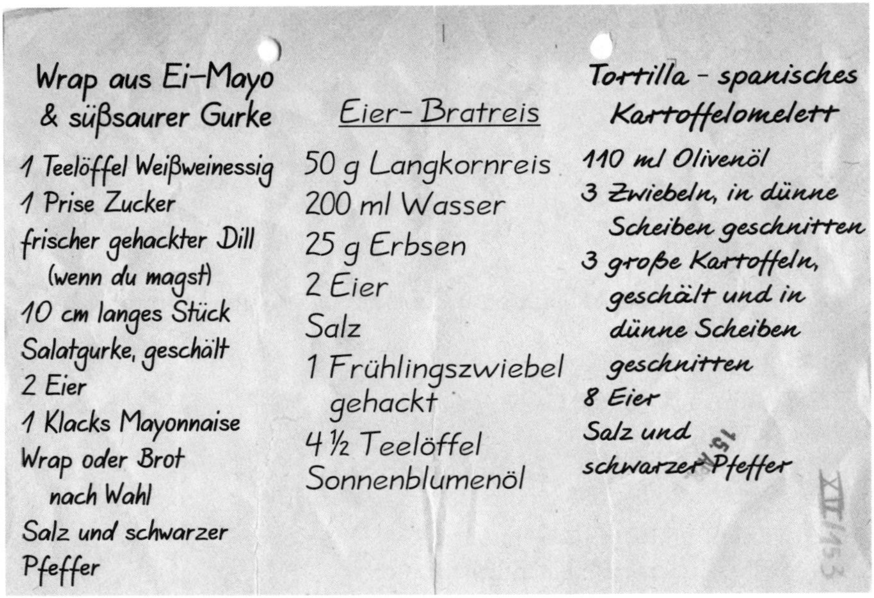

Wrap aus Ei-Mayo & süßsaurer Gurke

1 Teelöffel Weißweinessig
1 Prise Zucker
frischer gehackter Dill (wenn du magst)
10 cm langes Stück Salatgurke, geschält
2 Eier
1 Klacks Mayonnaise
Wrap oder Brot nach Wahl
Salz und schwarzer Pfeffer

Eier-Bratreis

50 g Langkornreis
200 ml Wasser
25 g Erbsen
2 Eier
Salz
1 Frühlingszwiebel gehackt
4 ½ Teelöffel Sonnenblumenöl

Tortilla – spanisches Kartoffelomelett

110 ml Olivenöl
3 Zwiebeln, in dünne Scheiben geschnitten
3 große Kartoffeln, geschält und in dünne Scheiben geschnitten
8 Eier
Salz und schwarzer Pfeffer

- Gib Kartoffeln und Ei zurück in die Pfanne und schalt dann runter.
- Mach dir eine Marinade für die Gurke. Gib den Weinessig, Zucker und Dill (wenn du magst) in eine flache Schüssel.
- Gib die Kartoffeln und Zwiebeln zur Ei-Mischung.
- Schlag die Eier mit 1 Prise Salz auf. Gib etwas gehackte Frühlingszwiebel dazu.
- Sobald die Tortilla fest zu werden beginnt, in der Mitte aber noch etwas flüssig ist, fahr mit einem Messer rundum, lass sie aufs Backblech gleiten und stell sie kurz bei mittlerer Hitze unter den Grill.
- Erhitz Öl in einer großen (25 cm Durchmesser), schweren Pfanne. Gib die Zwiebeln hinein und brat sie fünf Minuten an.
- Schlag die Eier in eine große Schüssel und verquirl sie mit einer Gabel. Salzen und pfeffern.
- Jetzt wieder 2 Esslöffel Öl in die Pfanne. Schalt die Platte höher, damit es heiß wird.
- Schneid die Eier in Scheiben und vermenge sie in einer kleinen Schüssel mit Mayo und Gewürzen.

- Gieß alles Öl aus der Pfanne.
- Füll den Wrap oder das Brot mit der durchgezogenen Gurke und der Ei-Mayo.
- Reduzier die Hitze. Gieß die Eier rein und verrühr sie leicht. Gib den Reis dazu, bevor die Eier fest sind. Schalt die Temperatur hoch. Locker die Mischung mit einer Gabel.
- Koch Reis oder hol ihn aus dem Kühlschrank. Koch Erbsen.
- Du brauchst hart gekochte Eier. Gib die Eier auf einem Löffel in kochendes Wasser. Nach 10 Minuten herausnehmen, abschrecken und pellen.
- Beim Garen immer wieder die Pfanne schwenken, damit nichts ansetzt.
- Erhitz den Wok. Gieß Öl rein und lass es heiß werden.
- Heb Zwiebeln und Kartoffeln mit dem Bratenwender auf einen Teller und leg Küchenpapier drauf – es nimmt das überschüssige Öl auf.
- Die Gurke in dünne Scheiben schneiden und in die Marinade tunken.
- Füg die Kartoffeln zu und lass das Ganze 20 Minuten sanft braten. Von Zeit zu Zeit wenden, damit alles gleichmäßig gart.
- Gib die Erbsen und den Rest der Frühlingszwiebel dazu. 1 Minute braten. Salzen.

Nach: Stern, Sam: Licence to cook. Coole Rezepte für jeden Tag. Hamburg: Oetinger 2007, S. 30, S. 74, S. 146.

Aufgabe 47 **Einführung zuordnen.** Welches der Rezepte aus Aufgabe 46 passt zu folgender Empfehlung? Begründe deine Antwort.

Text **Gehirn-Raketen**

Alles, was Eisen enthält, hilft dir beim Nachdenken. Dazu gehören: Eigelb, Hülsenfrüchte, grünes Gemüse, Aprikosen, Pute und Rindfleisch. Wenn du wenig Eisen hast (das ist vor allem bei vielen Mädchen der Fall), kommt weniger Sauerstoff in dein Hirn und es arbeitet nicht so gut, wie es könnte.

2.2 Anleitungen

Wie Rezepte geben dir auch Anleitungen anderer Art einzelne Schritte vor, mit denen du zu dem gewünschten Ergebnis kommst.

Aufgabe 48 **Vorwegnehmendes Lesen.** Mit einigen Schlüsselbegriffen kannst du oft schon wesentliche Teile des Inhalts eines Textes vorwegnehmen. Im Folgenden findest du eine Reihe wichtiger Begriffe aus einer Anleitung. Versuche anhand dieser Begriffe herauszufinden, wozu diese Anleitung dienen könnte, und notiere deine Vermutung stichpunktartig.

- Notizen, Spickzettel, Riesenblatt Papier, wiederholen, DIN-A4-Blatt, Mini-Spickzettel
- guter Spickzettel, Vorbereitung einer Klassenarbeit, nicht in Versuchung, im Socken, vor dem geistigen Auge lesen

Aufgabe 49 **Anleitungen lesen.** Im Folgenden findest du eine Anleitung, wie du einen erlaubten Spickzettel erstellen kannst. Lies den Text zunächst aufmerksam.

Text

Vom Plakatformat zum Spickzettel

Besorge dir ein Riesenblatt Papier, zum Beispiel ein altes Plakat oder ein Stück einer Tapetenrolle. Mit dicken Filzstiften malst du hierauf die Notizen eines Spickzettels für die nächste Klassenarbeit.

Am nächsten Tag wiederholst du diesen Stoff und notierst die einzelnen Stichpunkte auf ein DIN-A4-Blatt.

Am dritten Tag wird das Format nochmals deutlich kleiner – und am Tag der Arbeit versteckst du deinen Mini-Spickzettel an einer ganz privaten Stelle.

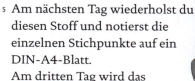

Der erlaubte Spickzettel

Ein guter Spickzettel gehört zur besten Vorbereitung einer Klassenarbeit.

Wenn du dir […] einen wirklich guten Spickzettel gemacht hast, solltest du ihn auch in die Schule mitnehmen. Um aber nicht in Versuchung zu kommen, ihn dort verbotenerweise zu benutzen, versteckst du ihn am besten. Zum Beispiel im Socken, unter der Fußsohle (d. h. nicht unter der Schuhsohle).

Du wirst sehen, dass du ihn von dort wunderbar abrufen kannst, du kannst ihn sozusagen vor deinem geistigen Auge „lesen“.

Am besten probierst du diese Gedächtnisübung vorher mal zu Hause aus.

Quelle: Endres, Wolfgang: 99 starke Lerntipps (6.–10. Klasse). Weinheim/Basel: Beltz 1998 (2. Aufl.), S. 81–82.

Aufgabe 50 **Odd man out.** Im Folgenden findest du vier Wörter pro Zeile. Jeweils drei davon haben etwas gemeinsam, das vierte passt jedoch nicht dazu. Suche den Begriff, der aus der Reihe tanzt, umkreise ihn und schreibe auf die Zeile daneben, was die anderen Wörter gemeinsam haben.

lesen – abrufen – Tapetenrolle – notieren	____________
Plakat – zu Hause – Riesenblatt – Mini-Spickzettel	____________
ein – das – am – die	____________
vorher – guten – wunderbar – am besten	____________
Socken – Spickzettel – Fußsohle – Auge	____________
wunderbar – gut – gehört – dick	____________
hierauf – unter – am – für	____________
malst – wiederholst – zu kommen – versteckst	____________
du – er – dir – dein	____________

Aufgabe 51 **Fragen zum Text beantworten.** Spickzettel sind in der Schule normalerweise verboten. Welchen positiven Zweck können sie aber haben (vgl. S. 89)?

Aufgabe 52 **Text und Bild zuordnen.** In der folgenden Anleitung erfährst du, welche ungeahnten Fähigkeiten das unscheinbare Backpulver besitzt. Die zugehörigen Abbildungen veranschaulichen das Vorgehen; leider ist aber sowohl beim Text als auch bei den Abbildungen einiges durcheinandergeraten. Gehe also so vor:

- Lies zunächst den Text.
- Ordne dann die Beschreibungen A, B, C und D den Abbildungen zu.
- Stelle schließlich die richtige Reihenfolge wieder her, indem du die rechte Spalte mit Ziffern versiehst.

	Buchstabe der Beschreibung	richtige Reihenfolge
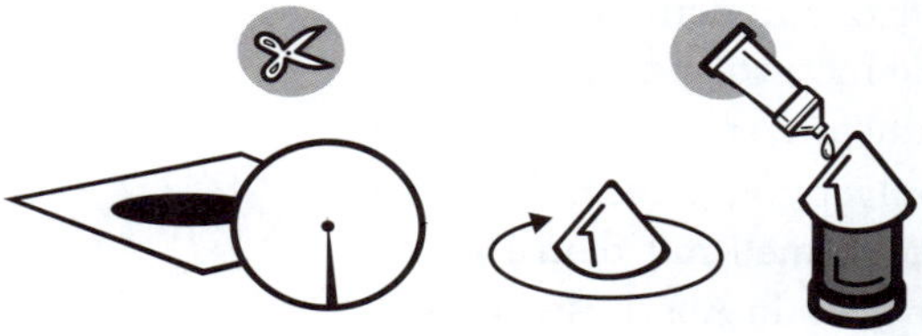		
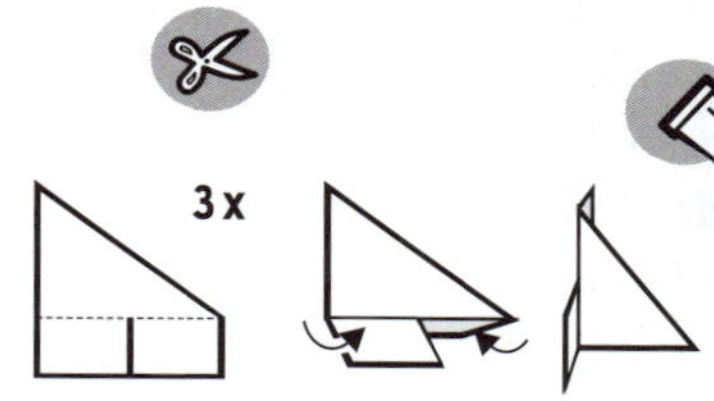		

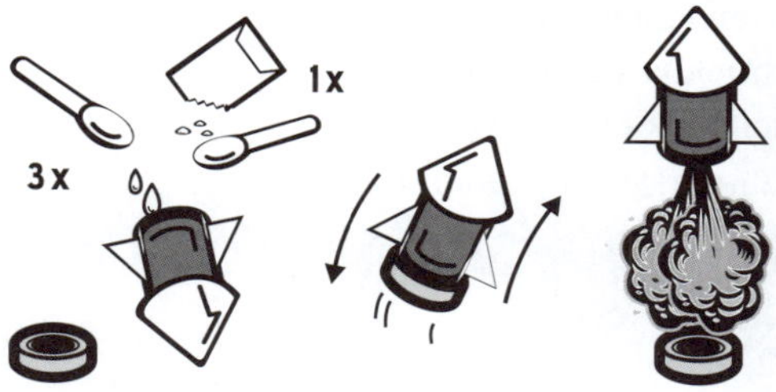		

Text

Experimente mit Backpulver

Nur zum Backen? Pustekuchen! Es funktioniert als Raketentreibstoff, aber auch zum Feuerlöschen. [...] Wir zeigen euch ein paar Tricks rund um das unscheinbare Pulver aus dem Küchenschrank.

A. Schneidet drei kleine Leitwerke aus dem Karton, knickt deren Laschen um und klebt sie in gleichem Abstand und auf gleicher Höhe an den Raketenrumpf. Achtung: Der Deckel sollte auf der Dose ein, während ihr sie beklebt. Sonst kommen sich am Ende womöglich Deckel und Leitwerke in die Quere.

B. Sucht einen geeigneten Platz für den Raketenstart, und zwar am besten draußen. Da stört es nicht, wenn Backpulver und Essig herumspritzen. Gebt die beiden Zutaten (1 Teelöffel Backpulver und 3 Teelöffel Essig) in die Dose, verschließt sie schnell mit dem Deckel, schüttelt kurz und stellt sie dann in Abschussposition. Was geschieht? Wenn Backpulver und Essig chemisch miteinander reagieren, entsteht das Gas Kohlendioxid. Das breitet sich mit großer Kraft im Inneren der Rakete aus – bis der Druck so groß ist, dass der Deckel abgesprengt wird. Weil die Rakete auf dem Deckel steht, wird sie dabei mehrere Meter hoch durch die Luft katapultiert.

C. Macht einen geraden Schnitt vom Rand bis zum Mittelpunkt des Kreises. Jetzt könnt ihr die Pappscheibe zu einem Trichter biegen. Passt den so an, dass sein Rand genau mit dem Boden einer leeren Filmdose abschließt: Das ist eure Raketenspitze. Klebt das Pappstück entsprechend zusammen und dann auch auf dem Filmdosenboden fest.

D. Zeichnet auf einen Karton einen Kreis mit etwa 5 Zentimeter Durchmesser und schneidet ihn aus. Als Schablone eignet sich zum Beispiel ein kleines Glas.

Nach: http://www.geo.de/GEOlino/kreativ/basteln/2120.html (Stand: 31. 03. 2010)

Aufgabe 53 **„Zutaten" zusammenstellen.** Welche Materialien braucht man für dieses Experiment (S. 92)?

Grafiken

In Grafiken findest du eine Verbindung von Text und Bild. Sachverhalte, die mit den Mitteln der Sprache schwer zu beschreiben und zu verstehen sind, können oft durch eine **bildliche Darstellung vereinfacht** werden. Weil du Schaubilder nicht fortlaufend von oben nach unten und von links nach rechts liest wie einen (linearen) Text, werden sie auch **nichtlineare Texte** genannt. Mit diesem Begriff bezeichnet man:

- **Schaubilder**, die z. B. technische Vorgänge veranschaulichen,
- **Landkarten**, die etwa über die Infrastruktur oder Wirtschaftsstandorte in einem Land Aufschluss geben,
- alle Formen von **Diagrammen** (griech.: diagramma = geometrische Figur),
- **Tabellen**, in denen Daten oder kurze **Texte** übersichtlich in Zeilen und Spalten gegliedert werden.

Mit Grafiken kannst du meist nur etwas anfangen, wenn du über **Vorwissen** zum Thema verfügst. Sollst du dich mit einer Verknüpfung aus einem linearen und einem nichtlinearen Text befassen, kannst du dem beigefügten Text die nötigen Vorkenntnisse entnehmen und diese an der bildlichen Darstellung überprüfen. Oft reicht aber dein Allgemeinwissen. Wie du bei der Untersuchung verschiedener Arten von Grafiken vorgehst, erfährst du im Folgenden.

1 Diagramme

Diagramme verdeutlichen auf unterschiedlichste Weise Informationen und Sachverhalte. Meist handelt es sich dabei um **Ergebnisse einer Wahl**, **Umfrage**, **Untersuchung** etc., die auf diese Weise übersichtlich aufbereitet werden.

- Mithilfe eines **Kreis- oder Tortendiagramms** werden die Anteile an einem Ganzen gezeigt, wie z. B. die Stimmanteile einer Partei bei einer Wahl.
- **Balken- oder Säulendiagramme** vergleichen z. B. Ergebnisse oder Gewohnheiten verschiedener Menschen miteinander: etwa der Anteil von Schülern, die bei einer Klassenarbeit eine Eins, eine Zwei … erhalten haben – und wie sich diese Noten auf Jungen und Mädchen verteilen.
- **Kurvendiagramme** zeigen die Entwicklung eines Sachverhalts über einen bestimmten Zeitraum.

Bevor du ein Diagramm analysierst, musst du dir bewusst machen, was du über das Thema weißt. Bei der genaueren Untersuchung der Grafik solltest du sowohl die **schriftlichen** als auch die **bildhaften Teile** genau ansehen und **in Beziehung zueinander setzen**. Achte dabei besonders auf folgende Punkte:

Untersuchungsbereiche von Diagrammen

- Aus welcher **Quelle** stammt das Diagramm? Wurde es z. B. für eine Fachzeitschrift, also für Personen mit einem bestimmten Interessenbereich/Vorwissen erstellt?
- Welche **Jahresangabe** findest du? Handelt es sich um ein aktuelles/älteres Diagramm?
- Welches **Thema** wird in der Überschrift benannt?
- Welche Informationen kannst du der **Legende** entnehmen?
- Vergleiche die angegebenen Werte und finde **auffällige Unterschiede** heraus. Wo sind vergleichsweise besonders große oder besonders kleine Werte angegeben? Beschreibe diese Informationen in ganzen Sätzen.
- Mit welcher **Gesamtaussage** lassen sich deine Ergebnisse zusammenfassen?
- Wie ist **deine** persönliche Einschätzung zum Thema (z. B. zu den Umfrageergebnissen)?
  - Möchtest du das Ergebnis **relativieren**, weil ein Aspekt nicht beachtet wurde?
  - Kannst du das Ergebnis aus deiner eigenen Erfahrung **nachvollziehen/widerlegen**?
  - Gibt es aus deiner Sicht eine **Erklärung** für die Ergebnisse?

Tipp

Bei Diagrammen ist die **Legende** besonders wichtig: Damit bezeichnet man die Erläuterungen zu verwendeten Symbolen, Abkürzungen und v. a. Größeneinheiten.
Du findest sie meist in **kleiner Schrift** über oder unter der Grafik bzw. am Rand. Beachte, in welcher Form die Daten angegeben werden, z. B. in **absoluten Zahlen** oder **Prozent**.

1.1 Kreisdiagramme

Kreisdiagramme zeigen einzelne **Anteile an einem bestimmten Ganzen**. Sie ahmen unterschiedlich große Stücke einer aufgeschnittenen „Torte“ nach und werden daher oft auch als **Tortendiagramme** bezeichnet.

Wenn du ein Kreisdiagramm mit Worten beschreiben sollst, musst du untersuchen, wie groß die „Tortenstücke“ **(Sektoren) im Vergleich zum ganzen Kreis** sind. Zur besseren Unterscheidung werden die einzelnen Anteile meist in verschiedenen Farben oder Mustern dargestellt. Bei deiner Kommentierung beschreibst du sie **im Uhrzeigersinn** (ausgehend von der 12-Uhr-Linie).

Aufgabe 54 **Diagramme lesen.** Im Folgenden findest du zwei Kreisdiagramme zum Leseverhalten der Deutschen. Betrachte sie zunächst und erinnere dich dabei an die gezeigten Methoden zur Untersuchung.

Text **Leser in Deutschland**

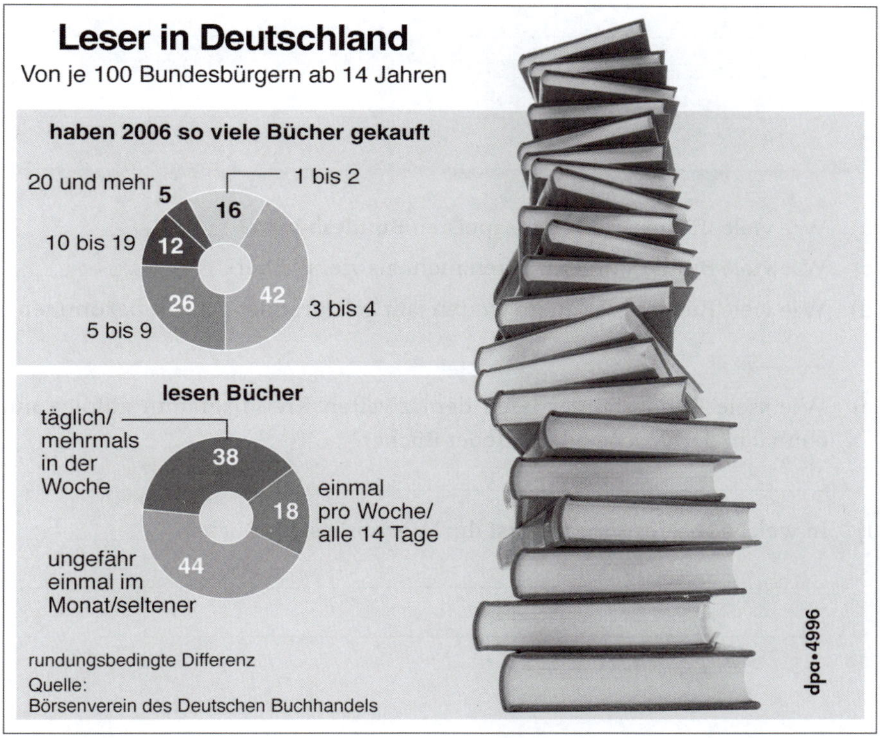

Quelle: picture-alliance/Globus Infografik.

Aufgabe 55 **Diagramme erklären.** Sieh dir die beiden Kreisdiagramme nochmals genau an und bearbeite dann die folgenden Aufgaben auf S. 98.

a) Übertrage die Ergebnisse des ersten Kreisdiagramms in folgende Tabelle:

Prozent von 100 Bundesbürgern über 14 Jahren	gekaufte Bücher
16 %	1–2

b) Wie viele Bücher kauften die meisten Bundesbürger? ______

c) Wie viele Bundesbürger kauften mehr als vier Bücher? ______

d) Wie viele Bücher hast du im letzten Jahr gekauft oder gekauft bekommen?

______

e) Wie viele Bundesbürger lesen dem zweiten Kreisdiagramm zufolge nur einmal in der Woche oder seltener Bücher? ______

______

f) In welche Lesergruppe gehörst du: Wie oft liest du Bücher? ______

______

______

1.2 Balken- und Säulendiagramme

Balken- und Säulendiagramme **vergleichen** verschiedene Zahlenwerte miteinander. Diese Werte werden durch nebeneinander angeordnete Säulen oder untereinander angeordnete Balken wie in einem Koordinatensystem veranschaulicht. Die Länge der Balken bzw. die Höhe der Säulen entspricht dabei den Werten auf der y-Achse (Ordinaten); ihre Anordnung hingegen entspricht den Werten auf der x-Achse (Abszissen). Beachte, dass bei einem Balkendiagramm x-Achse und y-Achse vertauscht sind; das heißt die x-Achse ist senkrecht angeordnet. Wie ein Koordinatensystem erlauben Säulen- und Balkendiagramme, zwei Größen miteinander in Beziehung zu setzen.

Aufgabe 56 **Diagramme lesen.** Betrachte die folgende Grafik, die zwei Diagramme zur Lesegewohnheit enthält. Darin werden die Lesegewohnheiten der untersuchten Personen aufgezeigt, d. h. wie hoch deren Leseneigung und Lesehäufigkeit sind.

Text

Quelle: picture-alliance/Globus Infografik.

Aufgabe 57 **Diagramme erklären.** Sieh dir das Balkendiagramm zur Lesegewohnheit nochmals genau an und bearbeite dann folgende Aufgaben.

a) Welche Informationen gibt in diesem Diagramm die Abszisse, welche die Ordinate?

____

____

b) Beschreibe das Diagramm und formuliere eine erste Grundthese.

c) Welche Gründe für dieses Ergebnis fallen dir ein?

1.3 Kurvendiagramme

Erinnerst du dich noch an den großen Börsencrash im Oktober 2008? Da wurden in den Nachrichten immer Kurvendiagramme gezeigt, die aussahen wie Fieberkurven von Kranken. Kurvendiagramme veranschaulichen meist **Veränderungen im Laufe der Zeit**, z. B. zeigen die Börsenberichte, wie sich ein bestimmter Aktienkurs innerhalb eines Jahres, eines Monats, eines Tages oder sogar von wenigen Stunden verändert hat. In der Bankenkrise 2008 gingen alle Kurven nach unten, weil die Aktien plötzlich immer weniger wert waren.

Aufgabe 58 **Diagramme lesen.** Im Oktober 2008 erreichte die internationale Bankenkrise ihren vorläufigen Höhepunkt. Die folgenden Diagramme geben Auskunft über den DAX am 14. 10. 2008 und seine Entwicklung im Verlauf eines Tages, im Verlauf von den drei Monaten und im Verlauf eines Jahres. Sieh dir zunächst die verschieden Diagramme an.

Text

DAX (PERFORMANCE-INDEX) Kurs am 14.10.2008, 17:44, 5199,19 Punkte

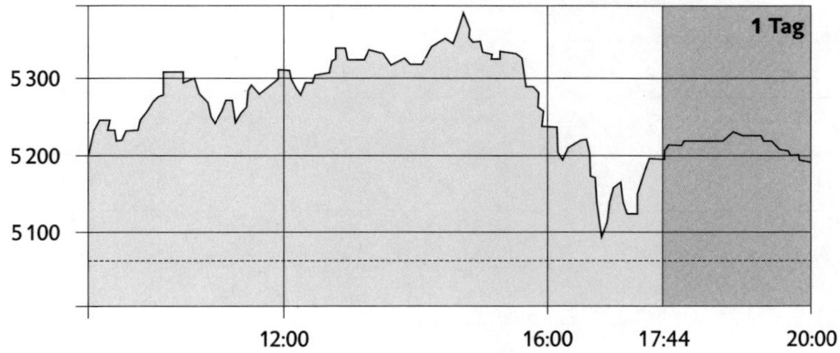

Veränderung 136,74; 2,70%

Vortag am	13.10	17:45	5062,45	Punkte
Eröffnung	14.10	09:02	5135,14	Punkte
Hoch	14.10	14:41	5383,79	Punkte
Tief	14.10	16:47	5097,32	Punkte

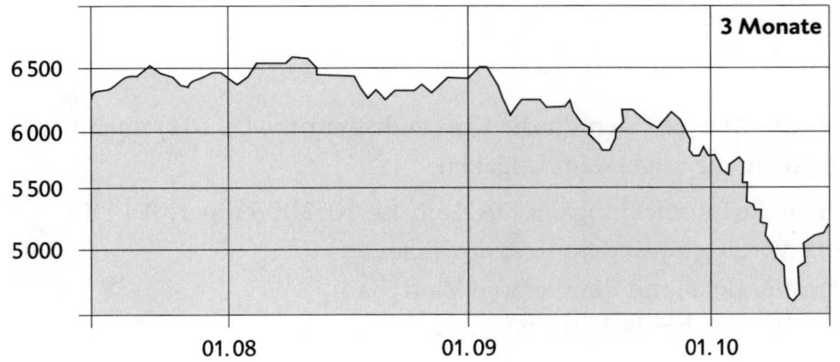

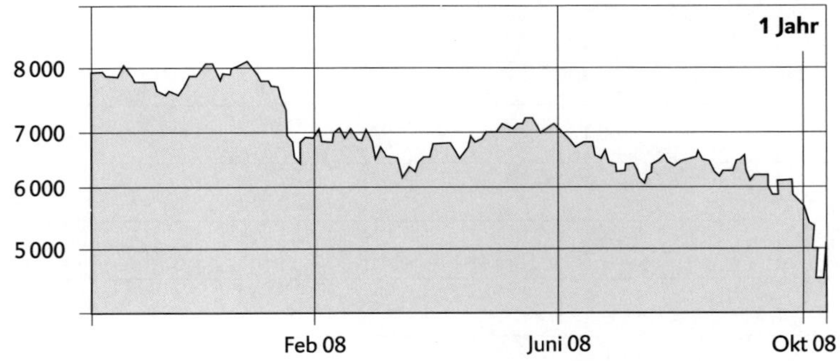

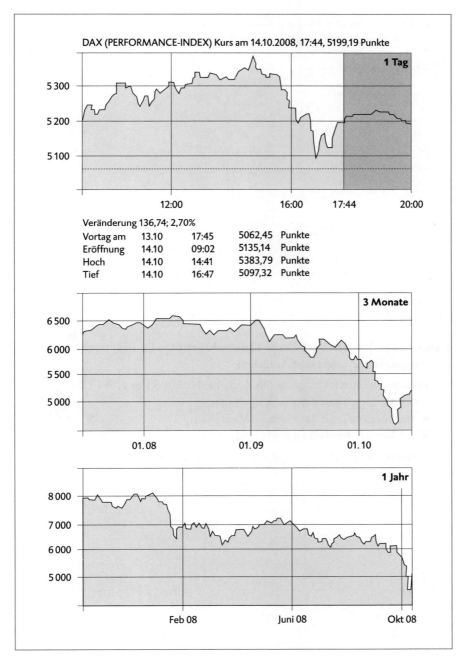

Aufgabe 59 **Fremdwörter nachschlagen.** Schlag zunächst nach, was unter dem Begriff „DAX" zu verstehen ist, und erläutere ihn dann in eigenen Worten.

Aufgabe 60 **Diagramme deuten.** Sieh dir die Kurvendiagramme (S. 101) nochmals an und bearbeite dann die folgenden Aufgaben.

a) Erkläre die Entwicklung des DAX am 14. 10. 2008 um 17.44 Uhr
- im Vergleich mit dem Rest des Tages,
- im Vergleich mit dem letzten Vierteljahr,
- im Vergleich mit dem letzten Jahr.

Benutze dazu auch die Angaben unter dem ersten Diagramm.

b) Welche der folgenden Angaben ist richtig?
Kreuze an und belege deine Antwort.

Der DAX am 14. 10. 2008 um 17.44 Uhr war

- ☐ höher als der am Tag davor um 17.45 Uhr.
- ☐ höher als der am selben Tag um 14.41 Uhr.
- ☐ höher als der im Februar 2008.
- ☐ höher als der einen Monat vorher.

2 Landkarten

Die Arbeit mit Landkarten kennst du vor allem aus dem Geografie-Unterricht; sie können dir aber auch in anderen Zusammenhängen begegnen. Mithilfe dieser Darstellungen werden **Sachverhalte** veranschaulicht, die sich **auf geografische Räume beziehen**, also auf Länder, Staaten, Regionen oder Erdteile. Neben Landkarten, die möglichst genau die geografische Beschaffenheit eines Gebietes wiedergeben, gibt es auch Karten, die zusätzliche Informationen zu einer Region verarbeiten, wie etwa

- Informationen über **geschichtliche Veränderungen** der Landesgrenzen oder über bestimmte **Ereignisse** (z. B. Naturkatastrophen oder Schlachten),
- Auskünfte über die **Wirtschaft** des Landes (z. B. über Wirtschaftsstandorte),
- Angaben über die **Bevölkerung** (Altersstruktur, Bildungsstand usw.) oder
- Informationen über die **Verbreitung bestimmter Produkte** (z. B.: Wie viele Menschen in diesem Gebiet haben ein Auto?).

Bei der Untersuchung von Landkarten musst du häufig verschiedene Informationen **vergleichen**, die meist durch **Symbole** in einem bestimmten Gebiet dargestellt werden. Oft werden Regionen zur besseren Unterscheidung auch **verschiedenfarbig** gekennzeichnet. Um Informationen aus einer Landkarte herauslesen zu können, musst du auch hier die **Legende** beachten.

Untersuchungsbereiche von Landkarten

- Welches **Thema** wird in der Überschrift benannt?
  Gibt sie evtl. bereits Aufschluss über die **Aussageabsicht** der Grafik?
- Aus welcher **Quelle** stammt die Grafik? Wurde sie z. B. für eine Fachzeitschrift, also für Personen mit einem bestimmten Interessenbereich/Vorwissen erstellt?
- Welche **Jahresangabe** findest du?
  Sind die Angaben aktuell?/Könnte sich seitdem etwas verändert haben?
- Welche Informationen kannst du der **Legende** entnehmen?
  Welche **Größenverhältnisse** sind angegeben?
- Wo gibt es **auffällige** Unterschiede? Wo findest du besonders große/kleine Werte?
- Gibt es **Abweichungen von geografischen Landkarten**?
  Sind z. B. Länder besonders groß/klein dargestellt?
- Mit welcher **Gesamtaussage** lassen sich deine Ergebnisse zusammenfassen?
- Welche **Schlussfolgerung** ziehst du aus deinen Ergebnissen?
  Hast du eine **Erklärung** für die Angaben?

Aufgabe 61 **Fremdwörter nachschlagen.** Schlage zunächst die Begriffe „G-20“, „Schwellenland“, „Bruttoinlandsprodukt“ (BIP) und „Kaufkraftparität“ im Wörterbuch nach. Schreibe je ein bis zwei Sätze, in denen du diese Begriffe mit eigenen Worten erklärst.

Aufgabe 62 **Landkarten lesen.** Sieh dir nun die folgende Landkarte an und wende dabei die besprochenen Methoden an.

Text

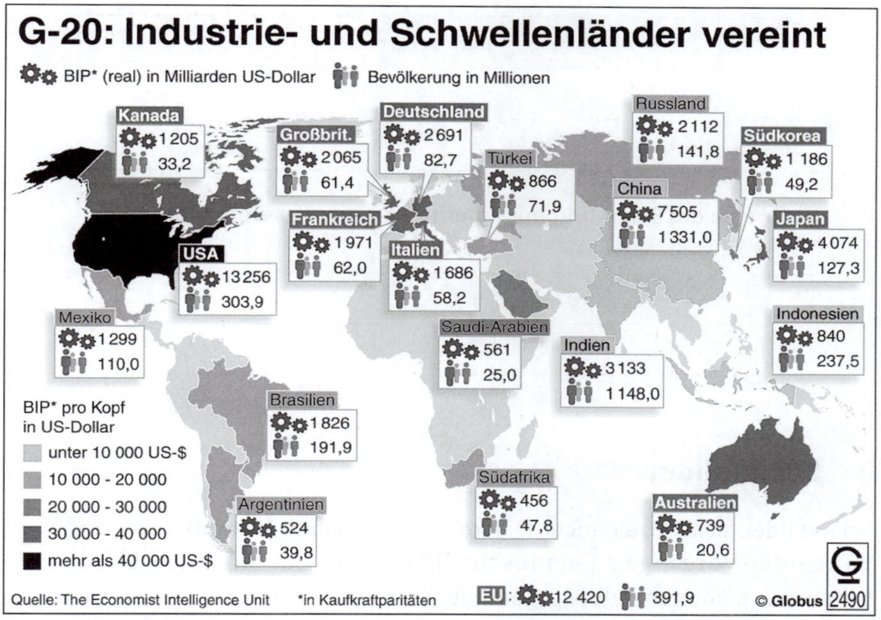

Quelle: picture-alliance/Globus Infografik.

Aufgabe 63 **Landkarten erklären.** Sieh dir die Landkarte nochmals genau an und bearbeite die folgenden Aufgaben.

a) Welche acht Länder haben das größte BIP pro Kopf? Weißt du, weshalb die restlichen Nationen häufig als „Schwellenländer" bezeichnet werden?

____

____

____

____

____

____

____

b) Vergleiche das Bruttoinlandsprodukt folgender Länder mit den jeweiligen Bevölkerungszahlen: USA, Deutschland, Japan, Brasilien, Indien.

c) Beschreibe das Schaubild mit einem zusammenfassenden Satz.

3 Schaubilder

Schaubilder, also gezeichnete Darstellungen, helfen, **komplizierte Sachverhalte oder Vorgänge** zu **veranschaulichen**, die nur umständlich versprachlicht werden können. Oft begegnen sie dir in Verbindung mit Texten, denen sie zugeordnet sind. Dann musst du beide Elemente gemeinsam lesen und in Beziehung zueinander setzen. Solche Verknüpfungen von Texten und Schaubildern findest du z. B. in Bedienungsanleitungen, in denen dir das nötige Vorgehen nicht nur mit Worten erläutert wird, sondern durch eine zusätzliche Abbildung vor Augen geführt wird. So fällt es dir leichter, dir die angesprochenen Punkte vorzustellen.
Bei der Analyse von Schaubildern in Verbindung mit einem Text solltest du zunächst den schriftlichen Teil untersuchen. Wie du dabei am besten vorgehst, kannst du nochmals auf S. 59 nachlesen. Achte bei der Untersuchung des Schaubilds, auch in seinem Verhältnis zum Text, auf folgende Punkte:

Untersuchungsbereiche von Schaubildern

- Wird der **gesamte Text** durch das Schaubild veranschaulicht oder nur ein **Teilbereich**?
- Welche Informationen werden dir durch das Schaubild **klarer**?
- Erhältst du durch das Schaubild Informationen, die **über den Text hinausgehen**? Werden z. B. bestimmte Fachbegriffe genannt, die du den Aussagen des Textes zuordnen kannst?

Aufgabe 64 **Schaubilder lesen.** Im Folgenden findest du einen Text zur Bauweise einer Moschee, der durch eine bildhafte Darstellung veranschaulicht wird. Lies den Text zunächst. Erleichtern dir die Bilder dein Verständnis?

Text

Sie bauten eine Moschee (Auszug)

Den spirituellen Mittelpunkt des Gebäudekomplexes bildete die Moschee, und das Herz der Moschee war der Gebetsraum. Akif Aga begann die Arbeit an dem Projekt mit der Planung dieses Raums, in dem sich die Gläubigen versammeln würden. Dabei mussten eine Reihe von Anforderungen berücksichtigt werden. Die Wichtigste davon war, dass die Frontseite oder Qiblawand in Richtung Mekka wies. Zum Gebet stellten sich die Besucher der Moschee in parallelen Reihen auf, das Gesicht der Qiblawand und damit der Stadt des Propheten Muhammad und ihrem wichtigstem Heiligtum, der Kaaba, zugewandt. In der Mitte der Qiblawand war die Nische des Mihrab, die Gebetsnische, die den Eingang zum Paradies symbolisiert. Vor dem Mihrab würde der Imam stehen, wenn er mit der Gemeinde betete. Die Qibla selbst ist eine gedachte Linie, die in Richtung Mekka und in entgegengesetzte Richtung zeigt. Die Qiblawand wurde senkrecht zur Qibla errichtet und so, dass sich der Mihrab genau auf dem Mittelpunkt dieser Achse befand.

Gegenüber des Mihrab öffnete sich das Portal, der Haupteingang zum Gebetsraum. Das Portal wurde von einem hohen Portikus überdacht, in dem auch alle Platz finden würden, die zu spät zum Freitagsgebet erschienen. Jenseits davon befand sich der von Arkaden eingefasste Hof. In der Mitte des Hofs gab es einen Sadirvan, einen Brunnen, an dem sich die Gläubigen vor dem Betreten des Gebetsraums waschen konnten. Ebenso wie der Mihrab standen auch das Hauptportal und der Sadirvan auf der Qibla.

Das äußerste – und neben der Kuppel markanteste – Element der Moschee würde das Minarett sein, von dem aus die Gläubigen fünfmal am Tag zum Gebet aufgerufen werden würden. Es sollte sich hinter dem Portikus an der Nordwestecke des Gebetsraums erheben.

Akif Aga und seine Kollegen trennten nicht zwischen Architektur und Ingenieurswissen. Akif Aga erinnerte seine Schüler häufig daran, dass man sich die Moschee, die man bauen wollte, gleichzeitig von unten nach oben und von oben nach unten vorstellen musste. Es gab zwei fundamentale Probleme, die beide mit dem Bau der Kuppel zusammenhingen. Das erste war ein geometrisches Problem. Wie konnte man über einem quadratischen Raum ein rundes Dach errichten, ohne die Zwischenräume mit Wänden oder Säulen aufzufüllen? Als Lösung war im Laufe der Jahre ein System aus Pfeilern und Bögen entwickelt worden. Die Pfeiler wurden entweder in den Ecken oder aber entlang des quadratischen Innenraums hochgezogen und durch Bögen verbunden. Auf diese Weise entstand ein geeignetes Auflager für die Kuppel, und der Raum unter den Bögen blieb offen und unverbaut.

Das zweite Problem war bautechnischer Art. Die Halbkugelform einer Kuppel erzeugt Kräfte, die auf die Seiten einen nach außen gerichteten Schub ausüben und die Pfeiler nach außen wegdrücken. Während das beträchtliche Gewicht einer gemauerten Kuppel ohne weiteres von Pfeilern und Bögen getragen werden konnte, waren diese Bauelemente alleine nicht in der Lage, die selbstzerstörerische Wirkung der Kuppel aufzuheben.

Architekten dämmten einen Teil dieser Schubkraft ein, indem sie die Seiten der Kuppel dort verstärkten, wo sie am stärksten gefährdet waren. Um die verbleibende Kraft über Pfeiler und Wände nach unten zum Fundament abzuleiten, beschwerten sie den oberen Teil der Pfeiler zusätzlich und verstärkten die Bögen durch eine symmetrische Anordnung von Halbkuppeln.

Quelle: Macaulay, David: Sie bauten eine Moschee. Hildesheim: Gerstenberg 2004, S. 10–11.

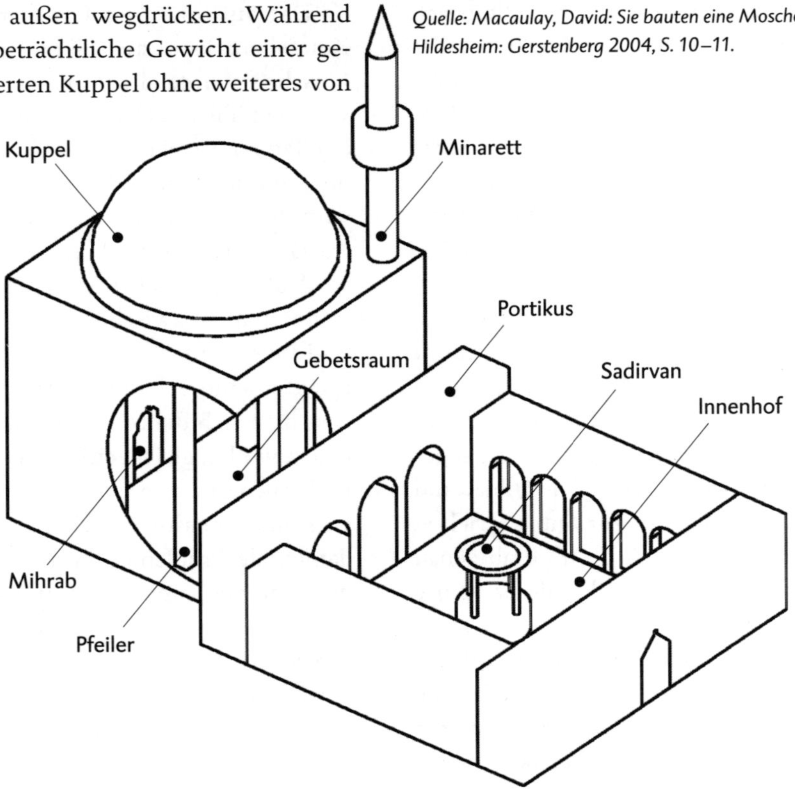

Aufgabe 65 **Text und Bild zuordnen.** Sieh dir nochmals den Text und die Abbildung auf Seite 107 f. an.

a) Unterstreiche dabei die Wörter, die sowohl im Text als auch in der Zeichnung vorkommen, mit der gleichen Farbe.

b) Welche zwei Hauptprobleme ergeben sich beim Bau einer Moschee? Wie werden sie gelöst? Markiere die beschriebenen Elemente in der Zeichnung und beschreibe stichpunktartig die Probleme und Lösungen.

____

____

____

____

____

____

c) Was genau ist die Qibla? Zeichne sie farbig in die Zeichnung ein und erläutere den Begriff in ein oder zwei Sätzen.

____

____

____

Aufgabe 66 **Informationen erfassen.** Was erfährt man durch den Text selbst (S. 107 f.) über die muslimische Religion, die in einer Moschee zelebriert wird? Unterstreiche im Text mit einer weiteren Farbe.

____

____

____

____

____

____

Besondere Anforderungen

Manchmal kann es zum Verstehen von Texten nötig sein, dass du besondere Anforderungen meisterst. Mit den Techniken, die du im Folgenden kennenlernst, dürfte dies für dich aber kein Problem sein.

1 Fremd- und gemischtsprachige Texte

Beim Lesen fremdsprachiger Texte ist es besonders wichtig, Techniken des **vorwegnehmenden Lesens** bzw. des **überblicksartigen Lesens** anzuwenden. Wahrscheinlich verstehst du in der Fremdsprache nicht jedes Wort – das ist aber auch nicht zwingend notwendig. Oft kannst du dir die Bedeutung aus dem **Kontext** erschließen oder eine Vermutung aufgrund deines **Vorwissens** aufstellen.
Es kann vorkommen, dass du mit Texten arbeiten musst, in denen neben Textteilen in Deutsch auch Passagen in einer Fremdsprache, z. B. in Englisch, zu finden sind. Du verstehst die englischen Anteile besser, wenn du den deutschen Text mit einbeziehst.
Wenn du einen literarischen Text untersuchen sollst, der fremdsprachige Elemente enthält, kannst du genauso vorgehen wie bei einem „normalen" literarischen Text. Die einzelnen Schritte und Fragestellungen kannst du nochmals auf S. 24 f. nachlesen.

Aufgabe 67 **Überblick verschaffen.** Der folgende Text erzählt von einem deutschen Schüler, der zu einem Sprachkurs nach England fährt und in einer englischen Familie untergebracht ist. Wenn er sich mit seiner Gastfamilie unterhält, so geschieht das auf Englisch, ansonsten ist der Text aber auf Deutsch geschrieben. Das ergibt eine Mischung aus deutschen und englischen Passagen.

- Worum geht es in diesem Textauszug?
- Welche Figuren kommen vor und wer sind sie?

____

____

Text

Hilfe – lost in London (Auszug)

Tommi schnappt sich seine Klamotten und verzieht sich ins Badezimmer. Seine Gastfamilie ist wirklich nicht ganz dicht, denkt er noch, während er sich die Zähne putzt. Aber zumindest wird es nie langweilig mit ihnen! Und irgendwie mag er die ganze Bande inzwischen sogar richtig gerne, selbst Elvis mit seiner Schmalzstimme, der ja quasi auch zur Familie gehört.

„That's all right mama", singt Tommi leise mit, während er sich zum Spiegel beugt, um einen Pickel an seinem Kinn zu killen. „That's all right …"

Tommi guckt auf seine Uhr. In nicht mal einer Stunde wird er mit Lise und den anderen im Bus sitzen, um nach London zu fahren!

Als er in die Küche kommt, hat Rosie ihm schon den Teller vollgehäuft. Spiegelei, gebratener Schinken, Würstchen, gegrillte Tomaten und in der Pfanne geröstetes Toastbrot. Und keine weißen Bohnen in Tomatensoße, die Tommi nämlich nicht mag. Obwohl das Frühstück so natürlich nicht perfekt ist, wie Ron ihn immer wieder zu überzeugen versucht. Eigentlich ist es überhaupt kein Frühstück! Nach Rons Meinung zumindest. […]

Aber heute ist es irgendwie anders: Keiner sagt was, alle starren Tommi nur an, als würde mit ihm irgendwas nicht stimmen. Und dann steht Ron auch noch auf und stellt den CD-Spieler aus!

„Good morning“, sagt Tommi irritiert und setzt sich.

„I don’t know if it’s really a good morning“, meint Ron mit zusammengezogenen Augenbrauen.

„You’re going to London today“, flüstert Ritchie quer über den Tisch hinweg.

„Yes, I know“, stottert Tommi, „but …“

„Do you really want to go to London with your ordinary jeans and sneakers and this hoody on?“, unterbricht ihn Ron.

Tommi guckt an sich runter. Stimmt, natürlich, er hat seine Jeans und seine Turnschuhe an und das Kapuzen-Shirt, aber …

Erst jetzt fällt ihm auf, dass Ron einen Anzug trägt. Aus dem gleichen schillernden Material wie die drei Rotzlöffel. Und Rosie hat ein Kostüm an und darunter eine weiße Bluse mit einem bestickten Kragen.

„But …“, setzt Tommi wieder an. „I thought it’s fine and …“

Ron schüttelt den Kopf.

„It’s something extraordinary to see the capital of England“, erklärt er. „What will your teacher say when you appear wearing the same things that you wear every day?“

„I don’t know“, stammelt Tommi. „I don’t think he’ll be dressed any differently than other days. And neither will my friends …“

Ron zuckt mit der Schulter.

„Well, it’s up to you. You know what you’re doing.“

„I think it’s okay“, meint Tommi. Das ist ja plötzlich schlimmer als bei ihm zu Hause, denkt er. Auf die Idee, sich extrafeine Klamotten anzuziehen, um in die Stadt zu fahren, käme ja nicht mal sein Vater!

„Have your breakfast, Tommi“, fordert ihn Rosie jetzt auf. „Before it gets cold.“ Und an die anderen gewandt, setzt sie hinzu: „They probably see it differently in Germany …“

„Genau“, nickt Tommi schnell. „We don’t care so much about things like that.“

Aber Ron scheint ihm nicht zu glauben. Jedenfalls zeigt er ganz deutlich, dass er mit Tommis Antwort nicht zufrieden ist.

Tommi säbelt sich einen Bissen Toastbrot ab. Aber auf halbem Weg zum Mund stutzt er.

„But … I mean, when I go to London, why do you wear your best clothes then?“ fragt er.

„Because we’re going …“, kräht Little David los. Aber wieder hält ihm Mickey schnell die Hand vor den Mund.

„It’s a secret“, flüstert er.

Tommi kapiert überhaupt nichts mehr. Irgendwas stimmt hier nicht, so viel ist klar. Aber er weiß beim besten Willen nicht, was. […]

„Time to go“, beendet Rosie die Diskussion und zeigt auf die Küchenuhr. „We’ll take you to the station“, setzt sie für Tommi hinzu.

„Great“, nickt Tommi. „But you don’t have to, I’ve got time enough to walk …“

„We will“, erklärt Ron.

„All of you?“, fragt Tommi irritiert, als sie aufstehen und ihre Teller zur Spüle bringen.

„All of us. We’ll take the truck. You’ll have to squeeze in a little bit, but we were going by truck anyway.“

„We are going in the same direction“, setzt Mickey noch hinzu.

„But where are you heading for?“, fragt Tommi, nachdem er kapiert hat, dass sie offensichtlich sowieso irgendwohin wollen. Mit Rons Laster. Und in ihren besten Klamotten …

„Top secret“, sagt Ron.

Die drei Rotzlöffel kichern.

Rosie füllt den Futternapf für Dog und stellt ihm frisches Wasser hin.

„Are you sure that you don’t want to change your clothes?“, fragt Ron nochmal, als sie schon an der Haustür sind.

„It's okay", beruhigt ihn Tommi, „my friends will go in jeans, too. And I don't have a suit. I don't even have one at home, in Germany!"

„No suit?", fragt Mickey entsetzt. Als würde er zum ersten Mal von jemand hören, der keinen Anzug besitzt. Oder als würde ihm gerade klar, dass Tommi wohl so ziemlich der ärmste Penner sein muss, den es in ganz Deutschland gibt.

„He has got no suit!", kräht Little David und zupft aufgeregt am Kostümärmel seiner Mutter. [. . .]

Quelle: Hänel, Wolfram: Hilfe – lost in London. Eine deutsch-englische Geschichte. Reinbek: Rowohlt 2007, S. 17–20.

Aufgabe 68 **Text zusammenfassen.** Lies den Text (S. 112 ff.) nun noch einmal und fasse ihn dann mit eigenen Worten zusammen.

Aufgabe 69 **Sätze im Kontext deuten.** Kreuze an, was mit dem englischen Satz im Kontext des Textes (S. 112 ff.) gemeint ist.

1. "It's a secret." (Z. 72)
   - ☐ Tommi hat keinen Anzug.
   - ☐ Heute gibt es ein besonderes Frühstück.
   - ☐ Heute fährt Tommi mit Lise nach London.
   - ☐ Heute fährt die ganze Familie mit.
2. "They probably see it differently in Germany ..." (Z. 59 f.)
   - ☐ In Deutschland isst man zum Frühstück nicht weiße Bohnen.
   - ☐ In Deutschland zieht sich nur sein Vater extrafeine Klamotten an, um in die Stadt zu fahren.
   - ☐ In Deutschland ist es nicht so wichtig, sich für die Stadt fein anzuziehen.
   - ☐ Tommi hat auch in Deutschland keinen Anzug.
3. "But you don't have to ..." (Z. 79)
   - ☐ Ihr braucht nicht so zu gucken.
   - ☐ Ihr braucht mich nicht mitzunehmen.
   - ☐ Ihr braucht mir keine weißen Bohnen zu machen.
   - ☐ Ihr braucht euch nicht so schick anzuziehen.

2 Verstehen eines gehörten Textes

Sicher kennst du die Situation: Du hast im Radio etwas gehört, das dich interessiert, aber nicht alles mitbekommen. Manchmal gibt es die Möglichkeit, die Sendung als PodCast nachzuhören, aber in der Regel ist das etwas aufwändiger. Allerdings kannst du deine Fähigkeit trainieren, den Inhalt eines gehörten Textes möglichst gut zu verstehen. Dies geschieht am besten mit Texten, die du mehrmals hören kannst. Dabei solltest du **gezielt auf bestimmte Informationen achten**.

- Mache dir vor dem Hören klar, was du schon über das Thema weißt.
- Welche Informationen zu diesem Thema interessieren dich besonders? Schreibe dir Fragen dazu auf.
- Höre den Text nun einmal ganz, ohne dir Notizen zu machen.
- Lies daraufhin noch einmal deine Fragen durch und versuche, in einem zweiten Durchgang Stichworte zu den einzelnen Fragen aufzuschreiben.

Du wirst merken: Wenn du dieses gezielte Hören öfter übst, wirst du dir auch in Zukunft beim Radiohören mehr merken können.

Tipp

Achte auf **Überschriften und Zwischenüberschriften**, weil du so die Struktur des Textes und das jeweils ausgeführte Thema besser verstehen kannst. In gesprochenen Texten erkennst du Überschriften häufig daran, dass es sich nicht um einen ganzen Satz handelt und dass der Sprecher davor und danach eine kurze Pause macht.

Aufgabe 70 **Vorwissen vergegenwärtigen.** Der folgende Text (S. 118 ff.) berichtet von der politischen Situation in Israel. Was weißt du über dieses Thema schon? Schreibe auf, welche Begriffe dir einfallen.

Aufgabe 71 **Genau zuhören.** Reporter müssen bei Interviews, Reden oder Vorträgen mitschreiben, die sie nur hören, aber nicht lesen können. Stell dir vor, du bist ein Reporter, der sich zu bestimmten Fragen Notizen machen soll, um hinterher einen Artikel schreiben zu können. Lies dir zunächst die folgenden Fragen durch. Notiere sie stichwortartig auf ein Blatt. Ein Arbeitspartner (Vater, Großmutter, Freund) soll dir den folgenden Text zwei- bis dreimal vorlesen. Ergänze beim Zuhören auf dem vorbereiteten Blatt die Antworten.

1. Was bedeutet das Wort „Intifada“?
2. Wann begann die erste „Intifada“?
3. Was war ihr äußerer Anlass?
4. Was waren die Gründe, die dahinter steckten?
5. Was waren die Mittel der „Intifada“?
6. Wie reagierte das israelische Militär?
7. Was kennzeichnete die „Politik der eisernen Faust“?
8. Wer unterstützte die Palästinenser?
9. Warum ärgerten sich die Palästinenser über die jüdischen Einwanderer aus der Sowjetunion?
10. Bis wann dauerte die „Intifada“?

Text

In den Schlagzeilen: Israel und Palästina – Die Intifada

Das israelische Militär hätte vermutlich sowohl Aggressionen von außen als auch die PLO in den Griff bekommen können. Doch es war nicht gewappnet für eine neue Form des Widerstandes, die in den 1980ern aufkam: Ein Massenaufstand gegen den jüdischen Staat sollte von nun an tausende ganz gewöhnlicher Palästinenser in Bewegung versetzen.

Eine Zeitbombe

Die Intifada (arab. Erwachen bzw. „Abschütteln“, gemeint ist das Abschütteln der israelischen Besatzungsmacht) war aus alltäglichem Leid und Misstrauen entstanden. Anfang Dezember 1987 wurde ein jüdischer Kaufmann von einem Araber erstochen. Wenige Tage später fuhr ein israelisches Armeefahrzeug nahe dem Flüchtlingslager Jabalia in Gaza in eine Gruppe Palästinenser und tötete dabei vier

Menschen. Vielleicht war es ein Unfall, doch die Bewohner Gazas, selbst größtenteils Flüchtlinge, sahen dies als gezielten Racheakt. Sie begannen mit gewaltsamen Demonstrationen, die sich bald schon bis ins Westjordanland ausbreiteten. Diese Proteste entzündeten einen Aufstand, genährt vom aufgestauten Ärger einer ganzen Generation, die im Elend der Lager aufgewachsen war.

Steine gegen Gewehrkugeln

Der Aufstand zog sich über Jahre hin, im Wesentlichen getragen von desillusionierten Jugendlichen und sogar Kindern. Er äußerte sich in unterschiedlichsten Formen wie zivilem Ungehorsam, Streiks und Krawallen, doch die Haupt-Taktik bestand im Werfen von Steinen. Das israelische Militär reagierte mit heftigen Schusssalven in die Menschenmengen.

Die Armee behauptete zwar, dabei über die Köpfe hinwegzuzielen oder nur in Notfällen auf die Beine zu schießen, trotzdem stieg der palästinensische Blutzoll erheblich. Nachdem es von den Vereinten Nationen zurechtgewiesen worden war, verschlechterte sich Israels Ansehen in der Welt zusehends.

Ein starker Zusammenhalt

Die rechtsgerichtete Likud-Regierung des israelischen Premierministers Jizchak Schamir versuchte, die Intifada durch hartes Vorgehen zu brechen: Ständige Vollsperrungen der Grenzen legten die Wirtschaft in den besetzten Gebieten lahm und die Politik der „eisernen Faust“ machte mit Massenfestnahmen und Räumungsaktionen das Leben der Palästinenser schier unerträglich. Nichtsdestotrotz wurden die Aufstände weitergeführt und forderten die israelischen Sicherheitskräfte bis an ihre Grenzen. Die Palästinenser hatten einen Zusammenhalt und Antrieb gefunden, der in ihrer Sache mehr bewirkte, als alle bisherigen Verbündeten es vermochten. Unterstützt wurden sie von den Gruppen Islamischer Dschihad und Hamas sowie von der PLO, die versuchte, die Intifada als den eigenen Kampf auszugeben. Der Zorn der Palästinenser stieg, als nach 1988 eine neue Welle von jüdischen Einwanderern aus der Sowjetunion eintraf: Diese Flüchtlinge fanden Aufnahme in dem Land, das die ehemalige Heimat der Palästinenser war und in das sie selbst nicht zurückkehren durften.

Der Weg zum Frieden wird gebaut

Die Intifada dauerte etwa bis 1993, als Schamirs Regierung bereits durch eine andere abgelöst worden war und erste Friedensverhandlungen begannen. Obwohl viele andere Faktoren dazu beitrugen, dass man sich um eine Einigung bemühte, hat wohl die Intifada eine sehr wichtige Rolle gespielt. Sie machte die Welt auf die Situation der Palästinenser aufmerksam und bereitete Israel damit erhebliche Probleme.

Flüchtlingslager

Die ersten palästinensischen Flüchtlinge lebten in Zeltlagern. Inzwischen haben sich die Lager zwar zu festen Städten entwickelt, doch die Lebensbedingungen sind nach wie vor erbärmlich. Etwa ein Drittel der insgesamt 3,5 Millionen Flüchtlinge leben in den insgesamt 59 von den UN eingerichteten Lagern. Extreme Bevölkerungsdichte, Arbeitslosigkeit und Armut machen sie zu Brutstätten des Hasses gegen Israel. Besonders davon betroffen ist die in den Lagern aufgewachsene Generation. Die Palästinenser bestehen auf ihrem Recht zur Rückkehr in ihre Heimat, die nun in israelischem Gebiet liegt. Israel wehrt sich dagegen, weil dadurch eine jüdische Bevölkerungsmehrheit nicht sicher bliebe.

Quelle: Gallagher, Michael: In den Schlagzeilen. Israel und Palästina. Mülheim: Verlag an der Ruhr 2005, S. 36–37.

Aufgabe 72 **Problem-Fragen beantworten.** Bei der Beantwortung der folgenden Aufgaben darfst du selbst noch einmal im Text (S. 118 ff.) nachlesen.

a) Worin besteht das im Text dargestellte Problem?

b) Wodurch wird es verursacht?

Aufgabe 73 **Landkarte deuten.** Um zu verstehen, wieso es Konflikte in Israel gibt, muss man sich die Karte der Region vor Augen halten. Im Text (S. 118 ff.) sind zwei Gebiete genannt, in denen sich der Widerstand der Palästinenser entwickelte. Auf ihnen soll der Staat Palästina entstehen. Trage die Gebiete in die Karte ein. Falls du bei dieser Aufgabe Schwierigkeiten hast, kannst du im Internet recherchieren.

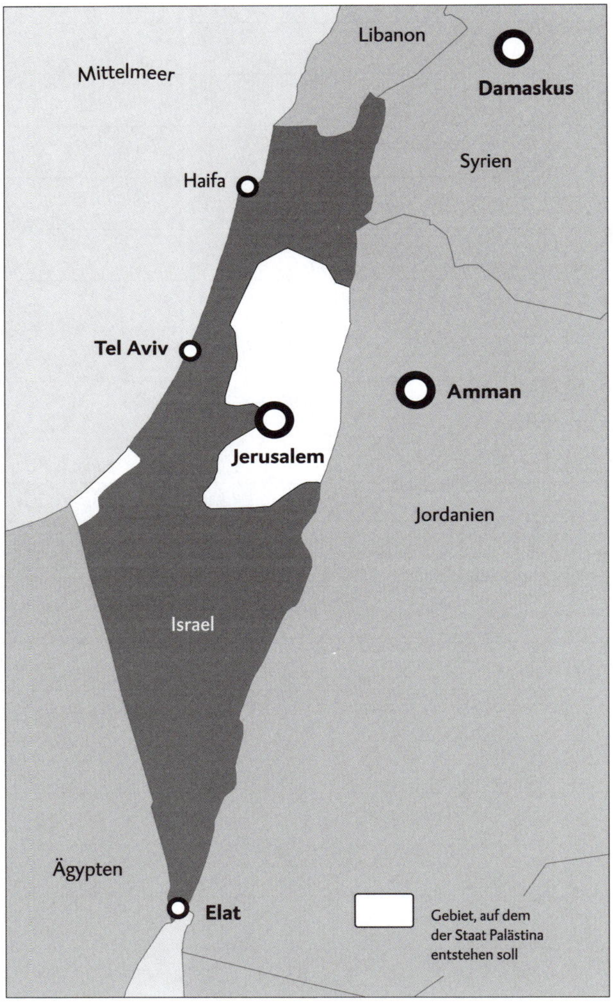

3 Sprachliche Besonderheiten in Zusammenhang mit dem Internet, Chats und SMS

Im Internet und bei SMS haben sich mittlerweile verschiedene, **von der Standardsprache** deutlich **abweichende Sprachgewohnheiten** etabliert. Vermutlich wirst auch du dich bei deinen SMS nicht an die korrekte Grammatik und Rechtschreibung halten. Sicher verwendest du dort auch Abkürzungen und Smileys, um bestimmte Gefühlsäußerungen, Andeutungen etc. auszudrücken. Besonders ausgeprägt ist die Benutzung von **Abkürzungen**, sogenannten **Emoticons** (also festen Zeichen, mit deren Hilfe man Gefühle ausdrücken kann) und eines mehr oder minder festen Katalogs an Ausdrucksweisen im Chat. Schließlich soll es **schnell** gehen – auf die Regeln der „normalen" Schriftsprache wird daher verzichtet, und wer sich ein wenig auskennt, versteht die knappen Andeutungen und Zeichen auch so gut. Im Folgenden kannst du überprüfen, ob auch du einige der Ausdrucksweisen des Chats beherrscht.

Aufgabe 74 **Emoticons deuten.** Beim Chatten werden sehr häufig „Emoticons" verwendet. Sie sollen Missverständnissen vorbeugen; schließlich können sich die Chat-Partner nicht ins Gesicht sehen und etwa feststellen, ob etwas im Spaß oder Ernst gesagt wurde. Gleichzeitig soll es schnell gehen, daher wird abgekürzt. Übersetze die folgende Unterhaltung in normales Deutsch und vergiss dabei die Emoticons nicht.

Text

```
* CHAT DIALOG *
A: alles ok
B: megamäßig ;-)hab gerade
   eine 5 in mate raus:-~)
A: :-D hab ich doch gesagt, das
   der schreibt
B: :-(
A: Ich hab ne 2 >:->
B: meinst du bist :<)
A: :-(
B: Oh :-) reg dich ab
   must nicht gleich :-@
A: I-O
B: bis morgen
```

Erklärung der Smileys, die für die Emoticons verwendet werden können:

:-)	*Das Basis-Smiley, es wird am häufigsten verwendet und drückt ein Lächeln oder eine sarkastische Stellungnahme aus.*
;-)	*Zwinkerndes Smiley, der Chatter hat gerade eine flirtende oder sarkastische Bemerkung gemacht, die er aber nicht todernst verstanden haben will.*
:-(	*Frowney. Entweder ist der Chatter über die letzte Bemerkung sauer oder wegen irgendwas genervt/deprimiert.*
:-I	*Gleichgültiges Smiley. Besser als ein maulendes, aber nicht so gut wie ein lachendes Emoticon.*
:->	*Der Chatter hat eine wahrhaft bissige sarkastische Bemerkung losgelassen, viel nachdrücklicher als :-).*
>:->	*Eine geradezu teuflische Bemerkung war das, meint der Chatter selbst und grinst sich hämisch eins.*
>;->	*Zwinkern und teuflisches Grinsen vereint – diese Bemerkung kann man wohl als unzüchtig betrachten.*
(-:	*Der Chatter ist Linkshänder.*
%-)	*Seit über 15 Stunden starrt dieser Teilnehmer auf seinen Bildschirm.*
:*)	*Betrunkener/angetrunkener Chatter.*

[:] Der Teilnehmer ist ein Roboter.
8-) Der Chatter trägt eine Brille.
B:-) Jetzt hat er sie hochgeschoben auf die Stirn.
8:-) Der Teilnehmer ist ein kleines Mädchen.
:-)-8 Der Teilnehmer ist ein großes Mädchen.
:-7 Das war aber eine reichlich verzerrte/wirre Aussage.
:-* Der Chatter hat was Saures gegessen/gelesen.
:-)~ Ein sabbernder Teilnehmer.
:-~) Ein erkälteter Teilnehmer.
:'-(Der Chatter weint.
:-@ Großes Geschrei.
:-# Ein Chatter mit Zahnspange.
:<) Chatter findet, er hat ein gehobenes Bildungsniveau.
:-& Der Teilnehmer ist sprachlos.
=:-) Ein Ted.
-:-) Der Chatter ist ein Punk.
-:-(Echte Punks lachen nicht.
|-O Gähnen oder Schnarchen.
Oh :-) Der Teilnehmer ist ein Engel oder hat zumindest eine reine Seele.
:-P Na ja.
:-S Das war aber eine reichlich inkonsequente Bemerkung.
:-D Der Chatter lacht dich aus.
:-X Teilnehmer mit versiegelten Lippen.
:-/ Skeptischer Chatter.
C=:-) Der Teilnehmer ist Koch.
:-o Ooh-oooh …
*:o) Bozo der Clown.
=:o)* Bozo im Smoking.
:-O Ruhe! Aufhören mit dem Geschrei!
:) Zwergen-Smiley.
|-P Iieh.

Quelle: Heine, Carola: Das Internet. Surfen, E-mail, MP3 und mehr. Würzburg: Arena 2001, S. 67–68.

Teste dein Können

1 Literarische Texte

Aufgabe 75 **Lückentext ergänzen.** Lies den Text möglichst rasch. Zuerst leise, dann laut! Ergänze die fehlenden Buchstaben – erst im Kopf, dann auch auf dem Papier.

Text **Robert Gernhardt**

D__eißi__ ____teged__cht

Sie__zehn Wo__te s__hreibe i__h
a__f d__es lee__e Bl__tt,
ac__t h__b' ic__ be__eits v__rtan,
je__zt sc__on s__chzehn __nd
__s __at alle__ l__ngst __ehr kein__n __inn,
__ch __chreibe __ieber drei__ig __in:
dreißi__ .

Quelle: Gernhardt, Robert: Dreißigwortegedicht. In: Gernhardt, Robert: Gedichte 1954–1994. Zürich: Haffmans 1996, S. 177.

Aufgabe 76 **Lyrische Texte deuten.**

a) Was hat es mit dem Wort „dreißig" in der letzten Zeile auf sich?

____

____

____

____

b) Was fällt dir auf, wenn du die Form des Gedichts, also das Metrum und den Reim, untersuchst?

____

____

c) Dieses Gedicht ist ein Nonsense-Gedicht, das seinen Leser etwas an der Nase herumführt. Woran kann man das erkennen?

Aufgabe 77 **V-Übung.** Der folgende Text ist aus dem Roman *Was wäre wenn* von Meg Rosoff. Er berichtet von Justin, der seinen kleinen Bruder vor einem Sturz aus dem Fenster gerettet hat. Danach weiß er aber selbst nicht mehr genau, was real ist und was er sich ausgedacht hat. Er flüchtet sich ins Laufen, rennt immer mehr, immer schneller und immer länger.
Lies bei der V-Übung möglichst rasch, indem du die Wörter einer Gruppe mit einem Augensprung zu erfassen suchst. Bemühe dich dabei, den Sprungrhythmus auch dann noch beizubehalten, wenn sich die Zeilen einander immer weiter annähern.

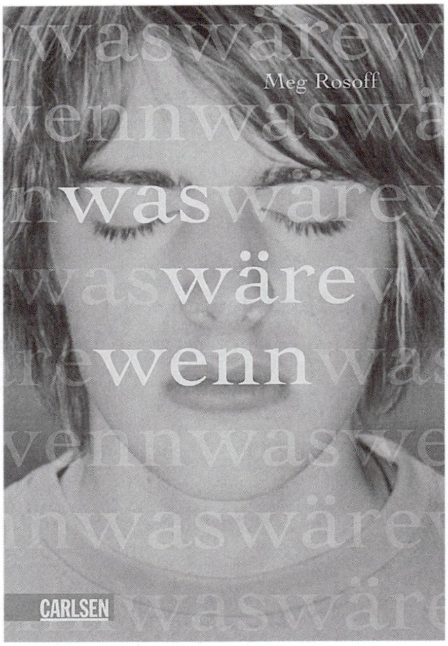

Text

Was wäre, wenn (Auszug)

Justin konnte sich nicht mehr an die
Startpistole erinnern. Als er das nächste
Mal die Außenwelt w ahrnahm, rannte
er, vielmehr rannte se in Körper. Fasz
iniert stellte er fest, d ass seine Füße li
efen, als wären sie mi t einem Tempore
gler verbunden. Er mu sste nicht darüber
nachdenken, was er ma chte, sondern nur
auf „schnell“ stellen, u nd schon rannten s
ie. Boy hüpfte vergnüg t vor ihm her. Man
chmal blieb er stehen u nd blickte mitleidi
g auf die brodelnde, keu chende Masse von J
ungen zurück. *Vielleich t solltet ihr Mensche*
n euch an Dinge halten , in denen ihr besser
seid, sagte sein Blick. D ann flog er wieder d
avon, beührte tatsächlich kaum den Boden. Gu
tgelaunt, rannte er im Kr eis um die führenden
Läufer und beschleunigte aus purem Spaß an d
er Sache auf eine Meile pro Minute, überquer
te die Ziellinie unter seinem eigenen Appla
us, wirbelte herum und kehrte zu Justin z
urück, neben dem er zu einem ermutige
nden Galopp verlangsamte. Bei aller a
ristokratischen Hochnäsigkeit seiner
Rasse war er doch sehr freundlich.
Unmittelbar links vor Justin ran
nte Peter Prince. Er drehte sic
h zu Justin um und kam dab
ei leicht aus dem Tritt. Jus
tin merkte es kaum.

Quelle: Rosoff, Meg: Was wäre wenn. Aus dem Englischen von Brigitte Jakobeit. Hamburg: Carlsen 2007, S. 71 f.

Aufgabe 78 **Romanauszüge lesen.** Im Folgenden findest du einen größeren Auszug aus dem Buch, das du in der V-Übung (S. 128 f.) bereits kennengelernt hast. Lies zunächst den Text aufmerksam und mache dir Notizen dazu am Rand.

Text

Was wäre, wenn (Auszug)

Peter hatte Recht gehabt, was das Laufen betraf. Es dauerte nicht lange, bis der Spaß den Schmerz überwog. Justin hatte sich nie als sportlich eingeschätzt, jetzt aber, nachdem er seinen Lungen und Gliedmaßen gut zugeredet hatte, erhoben sie sich wie Titanen auf dem Schlachtfeld.

Mein Körper!, dachte er dankbar. Er funktioniert!

Oft vergaß er beim Laufen seine physischen Grenzen und glitt wie von selbst dahin, passte seinen Herzschlag dem Rhythmus seiner Füße auf dem Asphalt an. Er staunte, wie einfach alles war.

Er war nicht besonders ehrgeizig. Was ihm gefiel, war das stete, beruhigende Tempo, das die Panikattacken in seinem Gehirn regulierte, Tick-tock, tick-tock. Sein Körper verfiel in den Rhythmus eines altmodischen Weckers.

Je länger er lief, umso weniger fühlte Justin sich wie David.

Diese Facetten des Laufens entgingen dem Trainer, der sein Team immer resignierter anbrüllte, während sich der Tag des Wettkampfs drohend näherte.

An einem trostlosen Dienstagnachmittag Ende Oktober kauerten zitternde Jungen aus sechs Schulen im Nieselregen und warteten auf das Startsignal. Justin hatte Agnes eingeladen vorbeizukommen, und zwar auf eine Art, die ihr klar zu verstehen gab, wie egal es ihm war, ob sie kam oder nicht, und dass er eigentlich nicht mit ihr rechnete.

Auf dem Weg zum Start ließ ihn etwas aufblicken. Er folgte der Richtung von hundert anderen Augenpaaren, drehte sich um und sah Agnes: Unter einem riesigen lilafarbenen Regenschirm mit grellen Punkten und in grünen kniehohen Gummistiefeln stapfte sie über den feuchten Rasen, ihre Kameratasche über der Schulter. Der Rest von ihr steckte in einer Art Plastikfolie. Sie sah grotesk aus. Außergewöhnlich.

Die gesamte Veranstaltung kam staunend zum Erliegen, als Agnes auf die provisorische hölzerne Zuschauertribüne zuging. Dort angekommen, klappte sie ihren Schirm zusammen und setzte sich unter leisem spontanen Applaus. Sie lächelte Justin zu und zog ihre Nikon aus der

Kameratasche, gefolgt von einem einzelnen weißen Handschuh, mit dem sie seinem Team zuwinkte.

Peter winkte fröhlich zurück. Justin drehte sich weg, um seine Miene zu verbergen.

Dann sammelten alle ihre zerstreuten Sinne, und der Wettkampf ging weiter.

Justin konnte sich nicht mehr an die Startpistole erinnern. Als er das nächste Mal die Außenwelt wahrnahm, rannte er, vielmehr rannte sein Körper. Fasziniert stellte er fest, dass seine Füße liefen, als wären sie mit einem Temporegler verbunden. Er musste nicht darüber nachdenken, was er machte, sondern nur auf „schnell“ stellen, und schon rannten sie.

Boy hüpfte vergnügt vor ihm her. Manchmal blieb er stehen und blickte mitleidig auf die brodelnde, keuchende Masse von Jungen zurück.

Vielleicht solltet ihr Menschen euch an Dinge halten. in denen ihr besser seid, sagte sein Blick.

Dann flog er wieder davon, berührte tatsächlich kaum den Boden. Gutgelaunt rannte er im Kreis um die führenden Läufer und beschleunigte aus purem Spaß an der Sache auf eine Meile pro Minute, überquerte die Ziellinie unter seinem eigenen Applaus, wirbelte herum und kehrte zu Justin zurück, neben dem er zu einem ermutigenden Galopp verlangsamte. Bei aller aristokratischen Hochnäsigkeit seiner Rasse war er doch sehr freundlich.

Unmittelbar links vor Justin rannte Peter Prince. Er drehte sich zu Justin um und kam dabei leicht aus dem Tritt. Justin merkte es kaum. Beim Zeichen für die Streckenhälfte war er in Gedanken bei Agnes. Sie hatte seine Einwände beiseitegewischt, als wäre es das Selbstverständlichste der Welt, einem Jungen, den man kaum kannte, einen unglaublich teuren Mantel zu schenken. Bei ihrem nächsten Anruf war sein Vorsatz, distanziert zu bleiben, durch die säuselnde Nähe ihrer Stimme zunichtegeworden.

Bestimmt hatte das alles etwas zu bedeuten. Etwas mehr als nur „Du bist nicht übel, jedenfalls für dein Alter“. Er erkannte einen Code, eine Geheimsprache für Eingeweihte, mit der sich die Feinheiten sexueller Absichten entziffern ließen. Ihre bleibende Gegenwart in seinem Leben musste etwas mit ihren Absichten zu tun haben. Aber was?

Eine Stimme, die ganz nah an seinem Ohr war und ihm etwas zuflüsterte, das er nicht verstand, holte ihn schlagartig wieder in seinen Körper zurück. Das schnelle Laufen tat weh. Er drehte sich um, wollte feststellen, wer ihm zugeflüstert hatte. Er spürte noch den unglaublich zärtlich hingehauchten Atem auf seinem Ohr wie eine staubige, flatternde Motte. Verstört wollte er sie wegwischen, aber da war nichts.

Und dann meldete sich die Stimme erneut – flüsternd, drängend.

Lauf!

Justin rannte. Keuchend überholte er Peter, der verwundert die Miene seines Freundes musterte.

Lauf, lauf nur immer voran!

Boy war noch näher gekommen und rannte jetzt ganz dicht neben seinem Herrchen her. Justin ignorierte ihn und raste, blind vor Entsetzen, einfach weiter.

Nur noch hundert Meter bis zur Ziellinie. Seine restlichen Mitstreiter gaben, was sie konnten. Justin sah und hörte sie nicht, er hatte keine Ahnung, wo sie sich befanden. Er hörte nur die Stimme in seinem Ohr und rannte, so schnell er konnte.

LAUF!

Er überquerte die Linie als Erster und rannte weiter. Boy führte ihn sanft in eine Kurve und lehnte sein ganzes Gewicht gegen Justins Hüfte, um ihn zu bremsen.

Der Trainer wirkte zufrieden.

Es war ein wahrhaft erhebender Siegesmoment. Justins erster. Aber ihm war übel, er fühlte sich überwältigt. Noch immer wurde Adrenalin in seinen Kopf gepumpt, sein Magen rebellierte vor Angst, sein Puls wollte einfach nicht langsamer werden.

Quelle: Rosoff, Meg: Was wäre wenn. Aus dem Englischen von Brigitte Jakobeit. Hamburg: Carlsen 2007, S. 71 f.

Aufgabe 79 **Lückentext ergänzen.** Der folgende Text gibt den Inhalt des Romanauszugs (S. 130 ff.) wieder, den du eben gelesen hast. Fülle die Lücken sinnvoll aus.

Text In diesem Text werden fünf Figuren vorgestellt: Die Hauptfigur ist ________, seine Freundin heißt ______ (ab Z. 22), sein Freund ______ (ab Z. 1), sein Hund _____ (ab Z. 52). Außerdem ist von seinem Trainer die Rede (ab Z. ___). Meistens nehmen wir das Geschehen aus Justins Perspektive wahr. Das zeigt etwa der folgende Satz: „Justin sah und hörte sie nicht, er hatte keine Ahnung, wo sie sich befanden. Er hört nur die Stimme in seinem Ohr und rannte, so schnell er konnte." (Z. ___) An manchen Stellen wird aber auch deutlich, dass Justin gar nicht mehr richtig merkt, was um ihn herum passiert. Ein Beispiel ist der folgende Satz: „Justin konnte sich nicht mehr an die Startpistole erinnern." (Z. ___). Hier erzählt eher ein auktorialer Erzähler von außen, was Justin denkt, und gibt auch seine Gefühle wieder. Der Lauf selbst wird durch die kurzen Signale, die den Gedanken in Justins Kopf entsprechen, nachempfunden: „tick-tock, tick-tock" (Z. 13), „______" (Z. 91), „Lauf, lauf nur immer voran!" (Z. 94). Schon, dass Justin wie eine Maschine (wie ein ______________, Z. 14) läuft, zeigt, dass er nicht ganz bei sich ist. Justin fühlt sich vielleicht bei seinem Lauf nicht ganz wohl. Es wird etwa gezeigt, wie die anderen ihn wahrnehmen. _________ mustert „verwundert die Miene seines Freundes" (Z. 92 f.), Justin muss also in irgendeiner Weise anders schauen als zu erwarten. Justin rast „__________________" (Z. 97) und „sein Magen rebellierte vor Angst" (Z. 111). All dies deutet daraufhin, dass Justin gefühlsmäßig aufgewühlt ist. Um mehr über die Gründe dafür zu erfahren, musst du schon den Roman selbst lesen.

2 Sachtexte

Aufgabe 80 **Schnell-Lesen.** Der folgende Text stammt aus einem Sachbuch zum Thema „Fußball" und zeichnet die Geschichte dieses Sports nach.
Lies den Text so schnell wie möglich durch. Notiere dir, wie viel Zeit du dazu gebraucht hast. Aber Achtung! Nach dem Lesen sollst du testen, was du vom Inhalt behalten hast. Die Fragen dazu darfst du erst im Anschluss lesen.

Text

Fußball

Die Anfänge

Ausgerechnet in einer Bierschenke im viktorianischen England nahm die heute größte und beliebteste Sportart der Welt ihren Anfang. Es geschah im Jahr 1863 in der Londoner Freemason's Tavern: Vertreter von zwölf Fußballmannschaften trafen sich dort, um die Football Association (FA) zu gründen und ein einheitliches Regelwerk für das Spiel zu entwerfen.

Mysteriöse Geschichte

Bei den alten Griechen gab es bereits eine Mannschaftsballsportart namens *episkyros* oder *pheninda*, die Römer spielten *harpastum*. Auf mehr als 2 000 Jahre alten Gemälden ist das altchinesische Spiel *tsu schu* zu sehen. Dabei mussten die Spielerinnen oder Spieler einen Ball aus ausgestopfter Tierhaut durch bis zu zehn Meter hohe Torpfosten aus Bambus treiben. In der Ch'in-Dynastie um 250 v. Chr. gehörte eine Variante des *tsu chu* zum Soldatentraining.

Im mittelalterlichen Europa war im niederen Volk eine dermaßen ungestüme und gewalttätige Art von „Fußball" üblich, dass z. B. Karl V. von Frankreich und Oliver Cromwell in England versuchten, die Sportart zu verbieten. In Italien wurde ab Beginn des 16. Jahrhunderts das calcio gepflegt – nicht von Angehörigen des einfachen Volkes, sondern von Adeligen und Kirchenmännern (sogar drei Päpsten). Eine Mannschaft bestand aus 27 Spielern. Als Tor galt, wenn man den Ball über einen bestimmten Punkt des Spielfeldrandes schoss oder warf.

Alles eine Frage der Organisation

Um 1800 pflegte man an den englischen Schulen und Universitäten ein Spiel, bei dem man den Ball nach vorne drosch und hinter ihm her eilte. Die Regeln waren uneinheitlich. Im Jahr 1848 legten Spieler der Universität Cambridge die ersten Fußballregeln nieder. Doch das brachte noch keine Ordnung ins Spiel. Daher kamen 1863 Vertre-

ter von zwölf Mannschaften in London zusammen und gründeten den Fußballverband Football Association (FA). Sie entwickelten Spielregeln und hoben acht Jahre später den FA Cup aus der Taufe, der noch heute existiert.
Das erste Länderspiel wurde 1872 zwischen England und Schottland ausgetragen, die erste Fußballliga 1888, auch in England, gegründet.

Frauenpower

Der Frauenfußball hatte von Anfang an gegen ein männliches Vorurteil zu kämpfen: Das Spiel sei „nicht damenhaft" genug. Dennoch erreichte das Interesse am Frauenfußball nach dem Ersten Weltkrieg in England einen ersten Höhepunkt. Das war vor allem den Dick Kerr Ladies zu verdanken. In der Folge wurde der Frauenfußball dann fast ein halbes Jahrhundert lang unterdrückt, nachdem die FA es ihren Mitgliedsvereinen untersagt hatte, Frauen auf ihren Plätzen spielen zu lassen. Zwischen 1969 und 1972 wurden in zahlreichen Ländern die Frauenfußballverbote wieder aufgehoben. Die erste Europameisterschaft im Frauenfußball wurde 1984 abgehalten, das erste olympische Fußballturnier der Frauen fand 1996 in Atlanta statt, die erste WM 1991.

Exportartikel Fußball

Ende des 19. Jahrhunderts verbreitete sich der Fußball rasant über den ganzen Erdball. Engländer brachten das Spiel nach Russland und gründeten auch den ältesten italienischen Ligaklub Genua.
Im Jahr 1885 besiegte Kanada die USA im ersten Länderspiel auf dem amerikanischen Kontinent. In Argentinien förderten dort ansässige Engländer und Italiener 1865 die Gründung des ersten südamerikanischen Vereins Buenos Aires. Die erste Liga Südamerikas wurde 28 Jahre später aus der Taufe gehoben.
Im Jahr 1904 wurde in Paris die FIFA gegründet. Sie hatte sieben Mitglieder: Belgien, Deutschland, Dänemark, Frankreich, die Niederlande, Spanien, Schweden und die Schweiz.

Im Lauf der Jahre hat sich die FIFA zur wichtigsten Organisation des Weltfußballs entwickelt; 1930 gehörten dem Weltfußballverband 45 Nationen als Mitglieder an; 1960 waren es bereits 95 und im Mai 2004 begrüßte die FIFA mit dem Pazifikstaat Neukaledonien ihr 205. Mitglied.

Quelle: Gifford, Clive: Mein großes Fußballbuch. Regeln, Technik, Stars, berühmte Teams und Meisterschaften. München: ars 2006, S. 10–11.

Aufgabe 81 **Fragen zum Text beantworten.** Beantworte nun die folgenden Fragen zum Text „Fußball“ (S. 134 ff.). Wie viele davon kannst du auf Anhieb beantworten? Suche im Anschluss die fehlenden Informationen im Text.

1. Wann und wo wurde die erste Fußball-Vereinigung gegründet?

2. Wie hieß diese Vereinigung?

3. Wann und wo in der Geschichte spielten die Menschen zum ersten Mal Fußball?

4. Warum wurde Fußball von Oliver Cromwell verboten?

5. Wo wurden die ersten Fußballregeln aufgeschrieben?

6. Zwischen welchen Ländern wurde das erste Länderspiel ausgetragen?

____

7. Wie hieß eine berühmte englische Frauenmannschaft?

____

8. Wann gab es die ersten Europameisterschaften im Frauenfußball?

____

9. Wo wurde die FIFA gegründet?

____

10. Welches Land wurde im Mai 2004 das 205. Mitglied der FIFA?

____

Aufgabe 82 **Wörter suchen.** Lies den Text „Fußball“ (S. 134 ff.) als „Detektiv“ noch einmal ganz genau und finde die unten angegebenen Wörter. Vielleicht schreibst du dir die gesuchten Begriffe auch heraus und legst sie beim Lesen neben den Text.

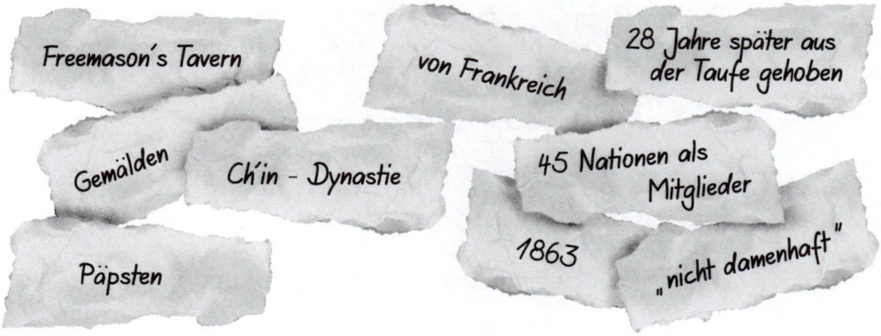

Aufgabe 83 **Text zusammenfassen.** Schreibe eine knappe Zusammenfassung des Textes „Fußball“ (S. 134 ff.).

____

____

Aufgabe 84 **Im Internet recherchieren.** Auf welchen Internet-Seiten erhältst du Informationen zu folgenden Begriffen:

Geschichte des Fußballs – Frauen-WM 2011 – Felix Magath – Spielregeln

3 Gebrauchstexte

Aufgabe 85 **Anleitungen lesen.** Wolltest du nicht schon immer eine „Ewigkeitstinte" herstellen, die alles überdauert? Die folgende Bastelanleitung kann dir dabei helfen. Hoffentlich dauert es beim Lesen aber nicht „ewig". Wie lange brauchst du? Stoppe die Zeit, wenn möglich, mit einer Stoppuhr.

Text **Ewigkeitstinte**

So geht's: Übergieße zwei Teebeutel in der
Tasse mit wenig heißem Wasser aus dem
Wasserkocher. Die Teebeutel sollten
gerade so mit Wasser bedeckt sein.
Lasse sie etwa zehn Minuten zi
ehen. Zermahle drei Tablett
en im Mörser. Entferne
die Teebeutel aus der
Tasse. Gib das pul
verige Eisenprä
parat zu d
em Tee.
Rühre
mit
eine
m Teelöf
fel um, bis
keine Klümp
chen mehr vorh
anden sind. Je länger
du die Tinte an der Luf
t stehen lässt, desto dunkl
er wird sie. Fülle die fertige Tin
te in ein kleines Gefäß mit Versc
hluss. Nimm Papier und einen Pinsel
oder eine Feder und teste die Tinte.

Quelle: Gruß, Andrea/Hänsler, Ute: Knallraketen und Gummigeister. Witzige Geschichten und chemische Experimente mit Paula, Felix und Professor L.A. Bor. Frankfurt/Main 2007, S. 58.

Aufgabe 86 **Listen ordnen.** Beim Experimentieren müssen alle Materialien in der richtigen Reihenfolge bereitstehen. Ordne die folgende Liste entsprechend der Anleitung, die du soeben gelesen hast (vgl. S. 139).

Text

Schreib- oder Zeichenpapier
1 Mörser (eine Reibschale)
Pinsel oder Federn und Federhalter
1 Stößel (ein Werkzeug, mit dem du etwas in einem Mörser zerkleinern kannst)
1 Wasserkocher
1 kleines Gefäß mit Verschluss für die fertige Tinte
2 Beutel Schwarztee
3 Tabletten eines Eisenpräparats (zum Beispiel Eisen(II)-sulfat) aus der Apotheke oder Drogerie
1 kleine Tasse

Wichtig! Die selbstgemachte Tinte eignet sich nicht für einen Füller! Sie würde ihn schnell verstopfen.

Quelle: Gruß, Andrea/Hänsler, Ute: Knallraketen und Gummigeister. Witzige Geschichten und chemische Experimente mit Paula, Felix und Professor L.A. Bor. Frankfurt/Main 2007, S. 58.

Aufgabe 87 **Lückentext ergänzen.** Irgendwie hat das mit der Tinte doch nicht so richtig funktioniert. Im folgenden Text sind jedenfalls einige Wörter schlecht zu lesen. Schreibe die richtigen Wörter korrekt an den Rand daneben.

Text **Das passiert:**

Schwarzer Tee enthält Gallussäure und Gerbstoffe. Mit der Eisenverbindung aus den Tabletten bildet sich ein schwarzer Farbstoff. Die Eisenverbindung muss dazu allerdings erst mit dem Sauerstoff aus der Luft reagieren. Deshalb ist die Tinte zunächst braun oder grau. Wenn du sie eine Weile an der Luft stehen lässt und immer wieder umfüllst, wird sie tiefschwarz.

Quelle: Gruß, Andrea/Hänsler, Ute: Knallraketen und Gummigeister. Witzige Geschichten und chemische Experimente mit Paula, Felix und Professor L.A. Bor. Frankfurt/Main 2007, S. 58.

Aufgabe 88 **Blitzkartenübung.** Der folgende Textausschnitt gibt dir Tipps für den Fall, dass das Experiment mit der Ewigkeitstinte nicht funktioniert hat. Decke mit einem Blatt Papier die erste Zeile der folgenden Fortsetzung des Textes ab. Decke diese Zeile einen ganz kurzen Augenblick auf und decke sie sofort wieder zu. Sprich dann, was du vorher gelesen hast. Geh so nach und nach den Text durch, immer in der Reihenfolge Aufdecken – Lesen – Zudecken – Sprechen. Erkennst du beim ersten Mal die Wörter nicht, hast du noch einen Versuch. Dann gehe zur nächsten Zeile.

Text **Was tun, wenn's nicht funktioniert:**

Wenn die Tinte zu dünnflüssig ist, wiederhole das Experiment mit weniger Wasser und/oder mehr Tabletten. Bei gleicher Menge Wasser bestimmt die Menge des Tablettenpulvers die Dickflüssigkeit der Tinte! Kapseln, die flüssige Eisenpräparate enthalten, funktionieren deshalb meist weniger gut. Wenn du Klümpchen in deiner Tinte hast, musst du die Tabletten feiner zerreiben und/oder den Tee mit dem Pulver besser vermischen.

Wenn du die Tinte eine Weile stehen lässt, setzt sich der Farbstoff am Boden des Gefäßes ab. Einfach schütteln, dann ist die Tinte wieder wie neu! Da sie keine Konservierungsstoffe enthält, solltest du sie aber nicht allzu lange aufheben.

Wichtig! Die selbstgemachte Tinte eignet sich nicht für einen Füller! Sie würde ihn schnell verstopfen.

Quelle: Gruß, Andrea/Hänsler, Ute: Knallraketen und Gummigeister. Witzige Geschichten und chemische Experimente mit Paula, Felix und Professor L. A. Bor. Frankfurt/Main 2007, S. 59.

Aufgabe 89 **Endlostext.** Groß oder klein? Getrennt oder zusammen? Warum immer Punkte und Kommas setzen? Wie oft stöhnst du darüber, wenn du Diktate schreiben musst. Wie wichtig die Pausen sind, zeigt der folgende Text.
Dieser stammt aus einem Ratgeber für Pferdeliebhaber. Er gibt erste Erklärungen zum Entschlüsseln der „Pferdesprache". Lies ihn laut vor, sodass du den Inhalt besser erfassen kannst. Markiere mit einem Bleistift die Grenzen der Wörter (|) und Sätze (/), die du durch Lesepausen bemerkst (meistens sind dort Punkte oder Kommas!).

Text

Pferde verstehen

pferdeliebenleisetöneundsindwahremeisterdernon
verbalenkommunikationdasheißtsieverständigensic
huntereinanderdurcheineausgeklügeltekörpersprac
hedamithabensieunsmenschenvielesvorauswirspuc
kenmeistabgekoppeltvonmimikundgestengroßetöne
unddrückenunsdabeimissverständlichausdievierbei
nerdagegentaxierenauchunserekörperhaltungunden
ttarnenfreudeschlechtestimmungoderangst

Quelle: Amler, Ulrike: Alles über Pferde und Reiten. Haltung, Umgang, Rassen, Reiten lernen. Stuttgart: Franckh-Kosmos 2008, S. 164.

Aufgabe 90 **Text in einer Tabelle zusammenfassen.** Im Folgenden findest du die Fortsetzung des eben gelesenen Textes über Pferde. Fasse den Text mithilfe der Tabelle am Textende zusammen. Die Tabelle enthält schon ein Beispiel.

Text

Pferde verstehen

Das Erlernen der Pferdesprache lohnt sich, denn sie teilen uns eine Menge über ihr Befinden mit. Mit einem gewissen „Grundwortschatz" ist der Umgang mit dem Pferd sicher und entspannt. Der Mensch erkennt schnell, ob ein Tier ängstlich, missgelaunt oder einfach nur zum Blödeln aufgelegt ist, und kann entsprechend richtig und gelassen reagieren.

Pferdestimme in Variationen

Wiehern hört man Pferde nur selten, zum Beispiel dann, wenn sie mit einem durchdringenden Distanzruf Artgenossen auf sich aufmerksam machen wollen oder Stallkumpeln, die zum Reiten geholt werden, hinterherrufen. Zur Begrüßung auch eines zweibeinigen Freundes „brummeln" sie dagegen. Stuten rufen mit diesem tiefen Brummeln nach ihrem Fohlen.

In Auseinandersetzungen untereinander machen Pferde meist mit einem schrillen Quieken ihrem Ärger Luft. Auch rossige Stuten quieken den Hengst oder einen „Ersatzwallach" an, wenn sich dieser nähert, der Zeitpunkt zum Decken aber noch nicht gekommen ist.

Funkverkehr der Ohren

Viele Menschen beurteilen allein nach der Stellung der Ohren, wie ein Pferd gestimmt ist. Die nach allen Seiten drehbaren „Tüten" sind jedoch nur ein Teil der komplexen Körpersprache und geben erst in Verbindung mit Körperhaltung und Gesichtsmimik Auskunft über die Gesamtlage des Gemüts.

Leicht zur Seite oder nach hinten gekippt, signalisieren die Ohren Entspannung. Nach vorne gespitzt sprechen sie von regem Interesse an der Umwelt. Richtet das Pferd jedoch gleichzeitig Hals und Kopf auf, bläst durch weite Nüstern und spannt den Rücken an, ist Gefahr im Verzug.

Mit flach nach hinten gelegten Ohren, sagt das Pferd: „Nimm dich in Acht vor mir!" Dazu streckt es Kopf und Hals nach vorne und spannt die Lippen an.

Pferdeohren sind unabhängig voneinander beweglich. Während ein Ohr sich dem Reiter widmet, lauscht das andere, was in der Umgebung abgeht.

Stimmung ablesen am Pferdemaul

Das Pferdemaul verrät viel über die Stimmung und den Gesundheitszustand eines Pferdes. Eine „dicke Lippe" haben Pferde nicht, wenn sie frech sind, sondern wenn sie entspannen. Dann sind die Lippen weich, die Unterlippe hängt runter und verleiht dem Pferd einen einfältigen Gesichtsausdruck.

Leichter Unwille wird durch Anspannen der Unterlippe zum Ausdruck gebracht, dabei entsteht eine kleine Stufe. Fest zusammengepresste Lippen und scharfe Falten in den Maulwinkeln zeigt ein Pferd mit Schmerzen oder großem

Unwohlsein. Dabei kneift es die Nüstern zusammen oder weitet sie stark.
Das Spielgesicht erinnert an ein Rüsseltier und wird bei freundschaftlicher Annäherung, der Aufforderung zum Spiel oder beim Betteln aufgesetzt. Das Pferd spitzt die Oberlippe und zieht sie weit über die Unterlippe vor.

Verständigung durch Bewegung
Pferde setzen ihren gesamten Körper ein, um Artgenossen und Menschen ihre Stimmungslage mitzuteilen. Scharren ist häufig eine Aufforderung oder Bettelei um ein Leckerli. Ungeduld und Ärger machen die Vierbeiner durch resolutes Aufstampfen mit dem Vorderbein kund. Auch die erste Begegnung mit fremden Pferden wird von einem kräftigen Ausschlagen des Vorderbeins begleitet, ohne das Gegenüber zu verletzen. Mit einem Anheben des Hinterbeins unter den Bauch signalisiert das Pferd Mensch und Tier: „Halte Abstand, sonst knallt es!" Zieht es dagegen das Hinterbein leicht an und setzt den Huf auf der Spitze auf, gönnt es sich ein verdientes Ruhepäuschen und will nicht gestört werden.
Indem Pferde bestimmte Positionen zu Artgenossen einnehmen, zeigen sie diesen, was sie vorhaben. Die freundschaftliche Annäherung erfolgt in ruhigem Tempo und gedehnter Haltung auf die Schulter des Kameraden zu. Direkt von hinten treiben sie das (unterlegene) Pferd weg.

Dabei fixieren sie den anderen mit den Augen. Auch in der Pferdeausbildung nutzt man diese Form der Kommunikation, beispielsweise beim Longieren. Imponiert wird mit kraft- und schwungvollen Bewegungen und hoch aufgerichtetem Hals.

Quelle: Amler, Ulrike: Alles über Pferde und Reiten. Haltung, Umgang, Rassen, Reiten lernen. Stuttgart: Franckh-Kosmos 2008, S. 164 f.

	Zeichen	**Bedeutung**
Stimme	Wiehern	• Distanzruf zu Artgenossen
Ohren		
Maul		
Bewegung		

4 Grafiken

Aufgabe 91 **Text und Bild zuordnen.** Der folgende Auszug stammt aus einem Buch über den Bau von Moscheen, das dir im Kapitel „Grafiken“ (S. 107 f.) bereits begegnet ist. Dieser Ausschnitt beantwortet die Frage, wie die Baumeister die riesigen Kuppeln schützten.

Unterteile den Text zunächst in Abschnitte und markiere den Beginn eines neuen Abschnitts mit ┌. Nummeriere die einzelnen Abschnitte durch und ordne ihnen im Anschluss die untenstehenden Abbildungen (S. 147) zu: Je nachdem, wie du die Abschnitte wählst, kann es sein, dass du eine Abbildung mit mehreren Abschnittsnummern versehen musst.

Text **Sie bauten eine Moschee (Auszug)**

Jede Kuppel wurde zunächst mit einer Schicht einer besonderen Lehmmischung bestrichen. Sobald diese fest geworden war, trug sie nicht nur dazu bei, die Ziegel zu stützen, sondern bildete auch einen idealen Untergrund für die Bleiplatten. Mithilfe einer Richtschnur, die am Scheitel der Kuppel befestigt war, ritzten die Dachdecker Striche in den Lehmverputz, um die genaue Form jeder Platte zu berechnen. Anschließend nagelten sie die zugeschnittenen Platten von der Basis der Kuppel zu ihrem Scheitel hin auf und bogen ihre Kanten nach oben. Diesen Vorgang wiederholten sie, bis die gesamte Kuppel abgedeckt war. Dann bogen sie die hochstehenden, senkrecht verlaufenden Kanten zu einem durchgehenden Falz. Die aufeinandertreffenden Falze auf dem Scheitel der Kuppel wurden wasserdicht versiegelt und mit einem runden Bleikragen und einem schweren Steinaufsatz fixiert.

Quelle: Macaulay, David: Sie bauten eine Moschee. Hildesheim: Gerstenberg 2004, S. 39

Aufgabe 92 **Eine Zeichnung beschriften.** Beschrifte die Zeichnungen von den Kuppeln mit folgenden Begriffen. Benutze dabei den obigen Textauszug.

- Kanten
- Bleikragen
- durchgehender Falz
- Richtschnur
- schwerer Steinaufsatz
- Striche im Lehmverputz
- Scheitel der Kuppel
- Lehmmischung
- zugeschnittene Bleiplatten
- Basis der Kuppel

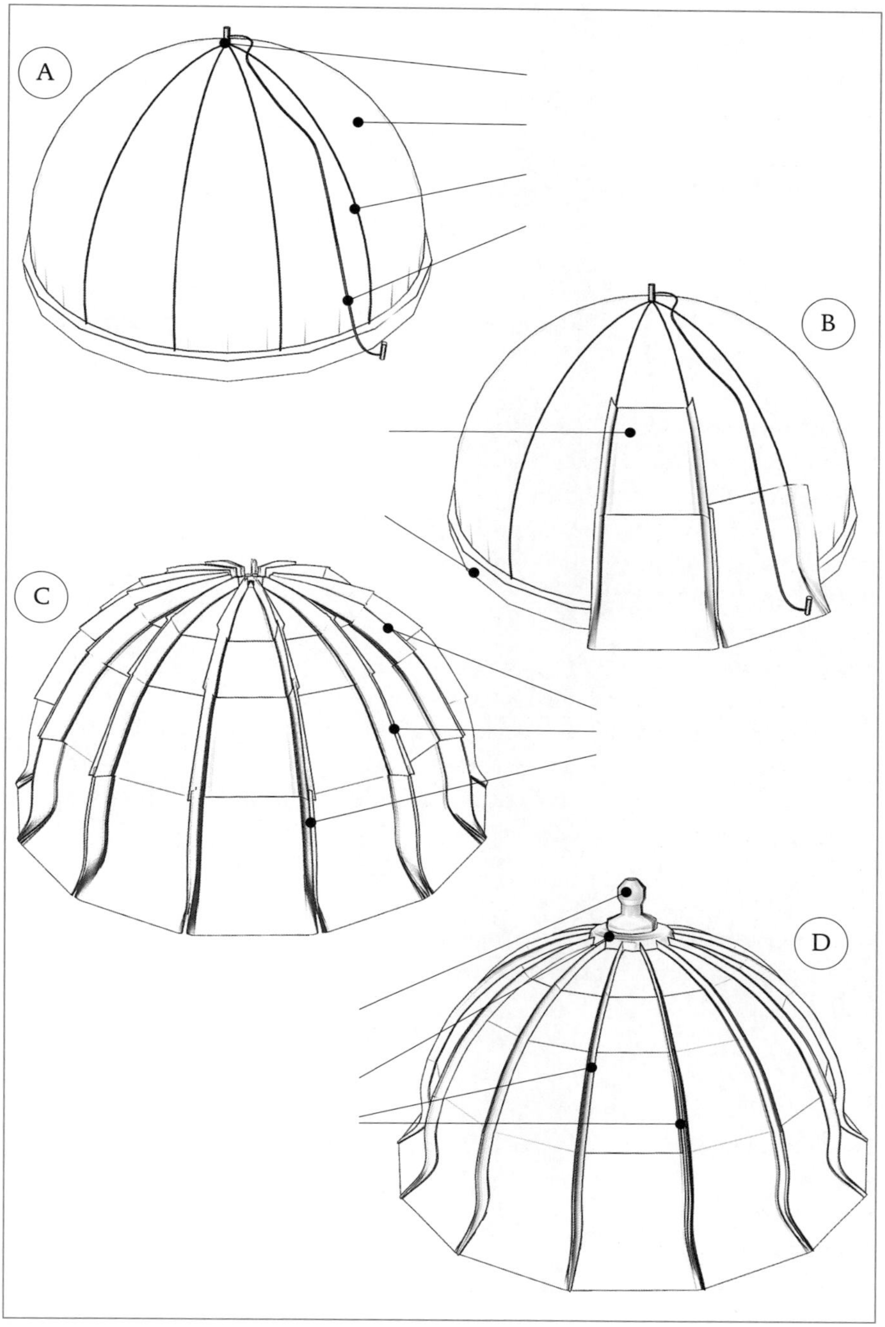
A
B
C
D

Kompetenzbereiche/Aufgabentypen

Mit der folgenden Übersicht kannst du dir zu einzelnen Kompetenzbereichen und Aufgabentypen die entsprechenden Aufgabennummern heraussuchen. So kannst du gezielt bestimmte Kompetenzen trainieren.

Lösungen

Hinweis: Für reine Leseaufgaben findest du hier keine Lösungsvorschläge.

Literarische Texte

Aufgabe 2 ☒ Eine wissenschaftliche Betrachtung der Natur erfasst nicht ihre Schönheit.

Aufgabe 3 Das Gedicht hat Verse, aber keine Reime. Es besteht – wie ein Prosa-Text – aus zwei grammatikalisch vollständigen Sätzen. Diese sind aber, um einen bestimmten Rhythmus zu bekommen, in sich etwas umgestellt worden. Es finden sich in jeder Zeile drei Hebungen, aber kein festes Metrum.

Aufgabe 4 a, b) Erklärungen **farbig** in Klammern

Komm, Bruder Tod, so bleich und rot (Auszug)

1. Kloster Heiligenberg am Niederrhein, im Jahr der Fleischwerdung des Herrn 1203 **(Orts- und Zeitangabe zur Einleitung)**
   Als man ihn auf den Richtplatz schaffte **(Anfang des Geschehens)**, sträubte sich der Gefangene, er zerrte an seinen Fesseln, er bat, fluchte und drohte – es half ihm nichts. (Z. 70–74)
2. Die Knechte zwangen ihn auf den Sitz, der unweit des Galgens stand, und banden ihn so fest **(Beginn der Bestrafung)**, dass er sich nicht mehr zu rühren vermochte. Nur seine Stimme konnte er noch gebrauchen, und er rief Gott und alle Heiligen zu Zeugen an, dass er das Opfer eines Irrtums sei, schlimmer noch, eines schändlichen Verrats. (Z. 58–63)
3. Doch die, denen seine Worte **(welche? Muss also auf etwas vorher Gesagtes verweisen)** galten, hörten ihm nicht zu, und die, die ihm glaubten, waren machtlos. (Z. 75 f.)
4. Da gab er den Kampf auf **(Reaktion auf ein vorheriges Geschehen)**, fügte sich in sein Schicksal und schloss die Augen. Nur seine Lippen bewegten sich ab und zu, als ob er Beistand im Gebet suchte.

Als das Beil des Nachrichters zum ersten Mal niederfuhr, raubte ihm der Schock zunächst den Atem. Dann öffnete er die Augen weit; sein Blick suchte den des Abts, und er sagte mit klarer, deutlich vernehmbarer Stimme: „Es ist genug, lass es genug sein!“ (Z. 31–38)

5. Doch **(im Gegensatz wozu? Verweist auf ein vorheriges Geschehen, das in Kontrast zum folgenden steht)** der Abt sah auf den Boden, ausdruckslos, die Hände verschränkt in den weiten Ärmeln seines Gewands. (Z. 56 f.)
6. Dann traf das Beil zum zweiten Mal **(erster Schlag muss vorausgegangen sein)** und der Gefangene verlor das Bewusstsein.
   Erst da hob der Abt den Kopf, einen Atemzug lang streifte sein Blick den Unglücklichen, ein Blick, der verstört und schmerzerfüllt zugleich war. Dann schob er die Hände aus den Ärmeln, legte sie vor der Brust zusammen und neigte den Kopf zum demütigen Gebet.
   Die Menge sah zu. Die, denen ein solches Schauspiel neu war, mit offenen Mündern und glotzenden Augen, die aber, die schon Dutzende Male hatten Hälse sich dehnen, Köpfe rollen und Gliedmaßen fallen sehen, plaudernd und mit eher beiläufigem Interesse. Ein paar nur wandten die Augen ab oder schlugen die Hände vors Gesicht, und einer in der ersten Reihe, der mit schreckenstarrer Miene das Geschehen verfolgte, ballte die Fäuste, dass sich die Nägel tief in seine Handflächen gruben. (Z. 4–22)
7. Auf einen Wink des Nachrichters band man den Gefangenen los; er glitt vom Sitz und blieb bewusstlos **(hier muss er schon verletzt sein!)** im staubigen Gras liegen. Ein Knecht spritzte ihm mit gewohnheitsmäßigem Mitleid aus einem Trinkschlauch Wasser ins Gesicht. Als der Gerichtete **(die Bestrafung/das Gericht muss vorher stattgefunden haben)** sich dennoch nicht rührte, wandte er sich achselzuckend ab. (Z. 64–69)
8. Der junge Mann, der in der ersten Reihe gestanden hatte, und zwei Frauen eilten zu dem Verurteilten und bemühten sich, das Blut seiner Wunden **(auch hier: Verletzung vorher!)** zu stillen. (Z. 1–3)
9. Abt, Richter und Nachrichter verließen mit ihren Gehilfen den Platz **(schließt die Handlung ab)** und auch die Menge zerstreute sich. Der Fall war erledigt, ein mehrfacher Dieb hatte seine Strafe erhalten, wie es von alters her Recht und Gewohnheit war. Mochte er Gott danken, dass ihm ein milder Richter den Strick erspart hatte. Künftig war er auf die Barmherzigkeit der Christenmenschen angewiesen; stehlen jedenfalls würde er nicht mehr. (Z. 23–30)
10. Eine tiefe Ohnmacht bewahrte ihn vorerst barmherzig vor den Schrecken der Wirklichkeit. Eine der Frauen bettete behutsam seinen Kopf in ihren

Schoß, die anderen beiden verbanden seine Wunden **(sind vorher zugefügt worden)** und wuschen sein Gesicht, dann knieten sie bei ihm nieder und beteten, bis er aus seiner Bewusstlosigkeit erwachte. Sie richteten ihn, der jetzt leise stöhnte und wimmerte, vorsichtig auf und flößten ihm einen schmerzlindernden Trank ein. Als er ihnen gekräftigt genug erschien, zogen sie ihn auf die Füße; halb trugen, halb schleiften sie ihn davon. Der junge Mann wandte noch einmal **(zeigt an, dass etwas vergangen ist)** den Kopf und schaute zurück auf die Richtstätte. Es würgte ihn im Hals, so sehr war er von Hass und ohnmächtiger Wut erfüllt.
Aber er zwang sich zur Ruhe. Er musste Geduld haben, viel Geduld. Und während er den dahintaumelnden Verwundeten stützte, kreisten seine Gedanken um einen Namen: Hadrian. (Z. 39–55)

Aufgabe 5

1. ☒ Er hat mehrfach gestohlen.

   Er wurde wegen mehrfachen Diebstahls verurteilt („ein mehrfacher Dieb hatte seine Strafe erhalten“, Z. 25 f.)

2. ☒ Ihm werden beide Hände abgehackt.

   Seine Hände wurden abgehackt („Dann traf das Beil zum zweiten Mal.“, Z. 4).

3. ☒ Es wird aus wechselnden Perspektiven erzählt.

   Der Erzähler versetzt sich manchmal in die Gedanken der Richter und des Abts („Der Fall war erledigt … nicht mehr.“, Z. 25–30), manchmal in die des jungen Mannes („Er musste Geduld haben …“, Z. 52).

4. ☒ Wer der Verurteilte ist.

5. ☒ Der Leser soll durch Spannung zum Weiterlesen gebracht werden.

   Der Autor will Spannung aufbauen. Der Leser liest weiter, um die gestellten Fragen beantwortet zu bekommen.

Aufgabe 6

Im Schatten der Wächter (Auszug)

Als er am Dienstag nach der Schule nach Hause gehen wollte, fing ihn Oliver am Tor ab. „Die Wächter verlangen nach dir“, sagte Oliver sachlich. Elliots Magen bäumte sich auf. Kalte Angstschwaden waberten in seiner Brust. Er schluckte und zog seine Schultern nach hinten. Nach außen musste er gefasst und sorglos erscheinen.

„Wann?"
„Jetzt."
Es hatte keinen Sinn, nach dem Warum zu fragen. Selbst wenn Oliver es wusste, würde er es wahrscheinlich nicht sagen. Es war im Grunde auch egal.
Elliot überlegte, ob er die Aufforderung ignorieren, Oliver stehen lassen und nach Hause gehen sollte. Es gab nichts, was ihn hätte aufhalten können. Nichts, außer der Tatsache, dass es genauso ablaufen würde wie an seiner alten Schule. Oliver hatte diese Möglichkeit sicher in Betracht gezogen und vorgesorgt. Es war besser, es hinter sich zu bringen und sie nicht noch unnötig zu reizen.

Aufgabe 7 Hinweis: Die folgenden Zeilenangaben beziehen sich auf den Text auf S. 31.

Elliot: Er hat Angst vor den Wächtern („Kalte Angstschwaden waberten in seiner Brust.", Z. 9 f.) und scheint an seiner alten Schule schon einmal Erfahrungen mit „Wächtern" oder ähnlichen Schülern gemacht zu haben („ob er die Aufforderung ignonieren [...] Nichts, außer der Tatsache, dass es genauso ablaufen würde wie an seiner alten Schule.", Z. 3–5).

Oliver: Er handelt im Auftrag der Wächter („Die Wächter verlangen nach dir", Z. 10 f.), wird aber von ihnen vermutlich nicht über alles informiert („Selbst wenn Oliver es wusste, würde er es wahrscheinlich nicht sagen.", Z. 6 f.).

Die Wächter: Sie scheinen stärker zu sein als Elliot („Es war besser, es hinter sich zu bringen und sie nicht noch unnötig zu reizen.", Z. 1).

Aufgabe 8 **Inhaltszusammenfassung:**
Nachdem Elliot an seiner früheren Schule als Außenseiter gehänselt und gedemütigt wurde, soll in einer neuen Stadt alles anders werden. Gerade weil er nun aber betont cool und unnahbar scheinen will, fällt er ins andere Extrem; Die „Wächter", die an seiner neuen Schule „herrschen" und unliebsame Schulkameraden misshandeln (lassen), nehmen ihn in ihre Organisation auf. Um selbst bestehen zu können, fügt Elliot sich auch in diese Anforderung, verliert aber langsam den Überblick über seine verschiedenen Rollen als braver Sohn, brutaler „Befehlshaber", verliebter Teenager, rücksichtsvoller Mitschüler ...

Beachte: Unter http://www.siriusonline.de/verlag/produkte.nsf/Produktansicht/1D033643A8B5686DC1256E35003B7563?OpenDocument (4. 3. 2010) findest du die Verlautbarung des Verlags – also Werbung in eigener Sache.

Aufgabe 11

a) Merkwürdiges Verhalten beim Treppensteigen: wagt kaum, den roten Teppich zu berühren (Z. 8–10); sagt nichts beim Handschlag (Z. 24–27), gibt unbestimmte Laute von sich (Z. 102 f.); ungewöhnlicher Ausspruch: „Das ist eine hübsche Dame.“ (Z. 134); Monsieur Hasehase (Z. 158)

b) Maluri (Z. 35)

c) Er studiert noch nicht, er kommt in die Abschlussklasse. (Z. 47 f.)

d) Enzo macht sich über Corentin lustig, indem er behauptet, auch dieser sei so intelligent wie ein Dreijähriger. (Z. 117 f.)

e) Im Gespräch zeigt sich besonders Enzo abgeneigt: Er findet, dass Simpel in eine psychiatrische Klinik muss, weil er gefährlich werden könnte (vgl. Z. 80–86). Im Roman erhalten die beiden dennoch das Zimmer, es zeigt sich aber auch, dass Simpel eine wirkliche Herausforderung für die ganze Wohngemeinschaft darstellt.

Aufgabe 12

Die Brüder Colbert und Barnabé (Simpel) Maluri wohnen bei ihrer Großtante, halten es aber dort nicht mehr aus und möchten in eine studentische Wohngemeinschaft einziehen. Colbert ist noch Schüler und kümmert sich um seinen älteren Bruder, der geistig behindert ist. Besonders der Student Enzo lehnt es ab, die beiden aufzunehmen, da er meint, Simpel gehöre eigentlich in eine spezielle Einrichtung. Colbert ärgert sich über die Einstellung der Studenten, ihm ist aber auch das Verhalten seines Bruders peinlich, der unbefangen seinen Stoffhasen vorstellt.

Aufgabe 13

Es handelt sich um ein Liebespaar, das nicht zueinanderkommen kann, weil beide aus verfeindeten Familien stammen. Die berühmteste Fassung dieser in Verona (Italien) spielenden Liebesgeschichte ist die Tragödie von William Shakespeare aus dem Jahr 1597.

Aufgabe 15

Z. 6 f.: „welche dort den Ritter / Mit ihrer Hand beehrt?“ – **die dort dem Ritter die Hand gibt**

Z. 12 f.: „Sie stellt sich unter den Gespielen dar / Als weiße Taub in einer Krähenschar.“ – **Sie wirkt neben ihren Freundinnen wie eine weiße Taube in einer Krähenschar.**

Z. 14–16: „Schließt sich der Tanz, so nah ich ihr: ein Drücken / Der zarten Hand soll meine Hand beglücken. / Liebt ich wohl je? Nein, schwör es ab, Gesicht!“ – **Nach dem Tanz gehe ich zu ihr hin: ein Drücken / Der zarten Hand soll meine Hand erfreuen. / Habe ich je geliebt? Nein, gib diesen Gedanken auf!**

Z. 22: „Fratze“ – **Maske**
Z. 24: „Fürwahr“ – **in der Tat**
Z. 25: „Wer tot ihn schlüg“ – **Wer ihn tot schlagen würde**
Z. 29: „Oheim“ – **Onkel**
Z. 38: „wackrer“ – **ehrenhafter**
Z. 41: „Die übel sich bei einem Feste ziemen“ – **die für ein Fest nicht passen**
Z. 43: „so stehn sie wohl“ – **so sind sie [die Runzeln] angebracht**
Z. 44: „Ich leid ihn nicht“ – **Ich kann ihn nicht ausstehen**
Z. 46: „Er soll gelitten werden“ – **Er soll hierbleiben dürfen**
Z. 47: „hört Er das?“ – **hörst du das?**
Z. 49: „So, will Er ihn nicht leiden?“ – **So, kannst du ihn nicht ausstehen?**
Z. 50 f.: „Will Hader unter meinen Gästen stiften? / Will sich als starken Mann hier wichtig machen?“ – **Willst du Streit anfangen unter meinen Gästen? Willst du dich als starker Mann aufspielen?**
Z. 57: „Der Streich mag Euch gereun“ – **dein Verhalten wirst du bereuen**
Z. 59: „vorwitzig“ – **frech**
Z. 64 f.: „Mir kämpft Geduld aus Zwang mit willger Wut / Im Innern“ – **In meinem Innern kämpft erzwungene Geduld mit draufgängerischer Wut**
Z. 66: „aufzudringen“ – **aufzudrängen**
Z. 67: „Was Lust ihm macht, soll bittern Lohn ihm bringen!“ – **Er soll dafür bitter bestraft werden, was ihm jetzt Freude macht.**

Aufgabe 16 **Anregungen können folgende Fragen bieten:**

Aus welcher Familie stammt Romeo? – Familie Montague

Aus welcher Familie stammt Julia? – Familie Capulet

Worüber regt sich Tybalt so auf? – Er entdeckt auf dem Fest seines Onkels Romeo, einen Vertreter der feindlichen Familie.

Mit welchen Argumenten besänftigt ihn Capulet? – Er möchte keinen Streit bei seinem Fest. Solang sich Romeo gut benimmt, darf er bleiben.

Wer unterbricht die Liebenden beim Küssen? – Julias Amme.

Wer ist Benvolio? – Der Vetter Romeos, der sich mit ihm auf das Fest geschlichen hat.

Aufgabe 17 ROMEO: Du wirst kaum glauben, was mir heute Abend passiert ist! Benvolio, ein paar Freunde, ihre Diener und ich, wir wollten uns einen Scherz erlauben und haben uns maskiert auf ein Fest der Capulets geschlichen. Du weißt schon, sie sind unsere schlimmsten Feinde! Und dort habe ich mich verliebt! Aber nicht in irgendeine! Nein, in die Tochter des alten Capulet. Du kannst dir nicht vorstellen, wie verrückt ich nach ihr bin. Ich muss sie wiedersehen, auch wenn es meinen Tod bedeutet!

TYBALT: Du kannst dir nicht vorstellen, was mir heute Abend passiert ist! Ich war bei dem Fest meines Onkels und plötzlich sehe ich diesen Romeo, du weißt schon, den Sohn von dem alten Montague. Was macht der denn bei einem Fest meiner Familie? Wir sind doch Erzfeinde! Und damit nicht genug, er bändelt auch noch mit Julia, meiner Cousine, an! So ein unverschämter Schuft! Ich wollte ihm schon mein Schwert in die Rippen stoßen, aber mein Onkel hat mich zurückgehalten. Er hat natürlich überhaupt nichts mitgekriegt von dem Ganzen und wollte bloß keinen Skandal! Deshalb hat er stillgehalten und diesen Schnösel machen lassen!

Aufgabe 18 Szenenangabe:

- Z. 1: FÜNFTE *SZENE*

Ortsangabe:

- Z. 2: *Ein Saal in Capulets Hause*

Sprechrichtung:

- Z. 5: *zu einem Diener aus seinem Gefolge.*
- Z. 20: *Zu einem Diener.*

Handlung/Geschehen auf der Bühne:

- Z. 70: *[tritt] zu Julien.*
- Z. 95: *Er küßt sie.*
- Z. 102: *Küßt sie wieder.*
- Z. 106: *tritt heran.*
- Z. 144: *kommt zurück.*
- Z. 157: *Man ruft drinnen: Julia!*

Regieanweisungen zum Auftritt und Abgang der Figuren:

- Z. 68: *Geht ab.*
- Z. 130: *Alle ab, außer Julia und Wärterin.*
- Z. 161: *Ab.*

Aufgabe 19

Figurenkonstellation und zentraler Konflikt in Shakespeares „Romeo und Julia"

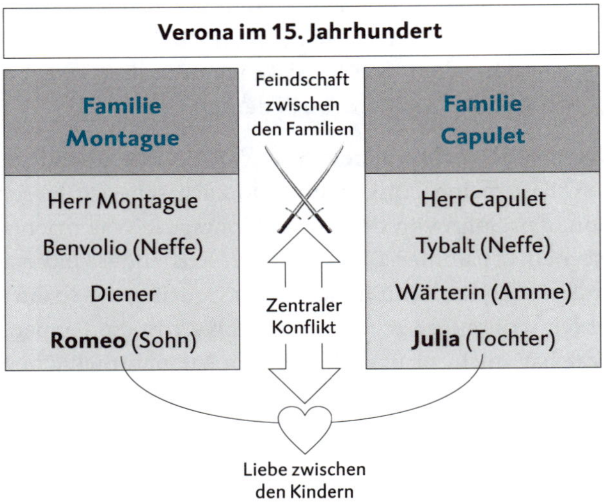

Aufgabe 20

Vorsichtig schlich er sich immer näher an sie heran. Als er Julia endlich ohne Maske gegenüberstand und sie ansprach, verliebte auch sie sich auf den ersten Blick in diesen hübschen Jüngling, und schon bald waren die beiden in ein inniges Gespräch vertieft.
So ahnten sie nicht, dass sie von der anderen Seite des Ballsaales aus scharf beobachtet wurden.
Julias Cousin Tybalt, ein besonders hitziger Bursche, hatte Romeo erkannt und wollte unverzüglich auf den Eindringling losgehen. Doch Julias Vater, Graf Capulet, fuhr dazwischen: „**Was habt Ihr, Neffe?** Was soll der Lärm, **wozu?**"
„Der Kerl dort drüben bei Julia ist ein Montague, der sich maskiert unter die Gäste gemischt hat, um uns zu verspotten!", rief Tybalt aufgebracht.
„**Ist dies nicht der junge Romeo?**", fragte Graf Capulet.
„Ja, **der Schurke Romeo**", erwiderte Tybalt heftig.
Als Julia wenig später von ihrer Amme erfuhr, dass Romeo ein Montague sei, war auch sie zutiefst erschüttert. Doch dieses Wissen vermochte an ihren Gefühlen für Romeo nichts zu ändern und leise sagte sie: „**O Wunderwerk! Ich fühle mich getrieben, den ärgsten Feind aufs Zärtlichste zu lieben.**"

Aufgabe 21 a) **Wörtliches Zitat**

„Entweihet meine Hand verwegen dich, / O Heil'genbild, so will ich's lieblich büßen. / Zwei Pilger, neigen meine Lippen sich, / Den herben Druck im Kusse zu versüßen." (Z. 19–24; im Original handelt es sich um Z. 71–74)

b) **Ähnlichkeiten**

Ähnlich ist die Situation des Festes: Es wird angedeutet, dass es sich um ein reiches Haus handelt (Sektgläser, teures Büfett, teure Einrichtung, Z. 76 f., 114–116). Ähnlich ist auch, dass sich zwei Parteien gegenüberstehen: Auf der einen Seite sind Mek und Xelia und ihre Freunde, auf der anderen Seite der Ich-Erzähler, Bora und Halil. Bora bittet Xelia, ähnlich wie Romeo, zum Tanz und küsst sie dabei.

c) **Unterschiede**

Anders als bei Shakespeare scheinen sich Bora (Romeo) und Xelia (Julia) schon vorher zu kennen. Außerdem kommt es sofort zu einem Konflikt, der bei Shakespeare noch von Capulet verhindert werden kann. In diesem Fall liegt das daran, dass Mek und Xelia vorher ein Paar gewesen sein müssen oder es sogar noch sind. Bei Shakespeare dagegen ist zwar Tybalt Romeo gegenüber feindlich eingestellt – aber nicht, weil er Julias Partner ist.

Sachtexte

Aufgabe 22 Der Originaltext lautet so:

Am 7. Oktober 1948 präsentierte Citroën ein kleines Blechgestell, das auf den Namen 2CV hörte. Dass dem hässlichen Entlein eine große Karriere bevorstehen sollte, ahnte kaum jemand.

Aufgabe 23 ☒ Der 2CV hatte großen Erfolg.

Aufgabe 25

1930er-Jahre	Entwicklung des 2CV
1939	Geplanter Start auf der Pariser Automesse
7.10.1948	Präsentation des 2CV in der Öffentlichkeit
1950	beliebtes Auto: sechs Jahre Lieferzeit
1954	Leistung 12,5 PS
1956	Version mit rechteckigem Heckfenster und Stoffdach
1958	erste Enten in Deutschland
1960er-Jahre	neue Motorhaube, seitliche Entlüftung, neue Armatur; 14 und 16 PS
1970er-Jahre	technische Weiterentwicklung stockt
1980er-Jahre	Umweltbewusstsein der Käufer fordert Katalysator, den gibt es nicht
1989	letzte Ente im Pariser Werk Levallois
1990	letzte Ente in Portugal

Aufgabe 26

1. In Frankreich heißt die Ente **Deux Chevaux**.
2. Pierre Boulanger heißt auf Deutsch **Peter Bäcker**.
3. Die Ente wurde erfunden, damit **arme Leute vom Land** sich ein Auto leisten können.
4. Die Ente verbrauchte anfangs höchstens **5,5 Liter** pro 100 Kilometer.
5. Im Film „In tödlicher Mission“ wird gezeigt, wie **geländetauglich und robust** die Ente ist.
6. **1954** hatte die Ente 12,5 PS.
7. Das Pariser Citroën-Werk heißt **Levallois**.
8. Es wurden insgesamt **3 868 633** Enten produziert.
9. In den 1960er-Jahren kann die Ente bis zu **100 km/h** fahren.
10. Die erste Ente hatte **9** PS.

Aufgabe 28

	A	B
zerklüftet	Gebirge	Armee
Oasenlandschaft	Taliban	künstliche Bewässerung
Taliban	Burka	König Zahir Schah
Hazara	Leoparden	Paschtunen
Schüler des Koran	Taliban	Usbeken
Sicherheitstruppe	Heroin	NATO
Scharia	Minen	Islam
Abholzung	Wüste	Putsch
Hamid Karzai	Hindukusch	Präsidialrepublik
Briten	Osama Bin Laden	Russen

Aufgabe 29

1. „Geographische Besonderheiten“: Z. 1–17
2. „Bewohner Afghanistans“: Z. 18–23
3. „Von Kriegen gezeichnet“: Z. 24–88
4. „Opium statt Weizen“: Z. 88–96
5. „Schulen in Not“: Z. 97–114
6. „Radikales Regime“: Z. 115–130

Aufgabe 30

Peter (Religion): Z. 115–130
Stefanie (Alltagsleben): Z. 63–114
Sebastian (Geschichte): Z. 24–62
Ulrike (Erdkunde): Z. 1–23

Aufgabe 31

a) Ministerium für Staatssicherheit
b) IM
c) IM
d) konspirativen Treffen
e) IM
f) operativen Vorgänge
g) Ministerium für Staatssicherheit
h) IM
i) Bürgerrechtler
j) Republikflucht
k) staatsfeindlicher Hetze
l) auf Linie gebracht

Aufgabe 32

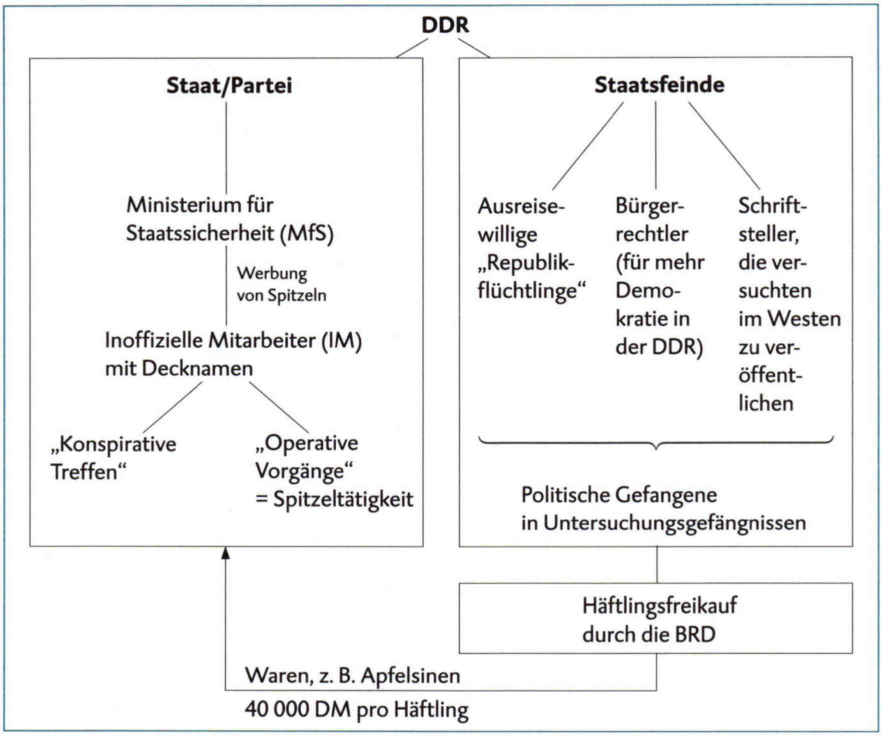

Aufgabe 33

J. R. R. Tolkien: Der Herr der Ringe (1954/1955)

Unzählige, vor allem junge Leser haben Tolkiens „Herrn der Ringe“ verschlungen. Inzwischen existieren auch zahllose Internetforen, die das Leben in Mittelerde nachspielen. Tolkien hat eine eigene Welt erschaffen und die Forschungen dazu gleich mitgeliefert. Wen die Bücher nicht erreichten, der war von den Verfilmungen begeistert. J. R. R. Tolkien ist der Begründer der modernen Fantasy-Literatur.

Die 1960er-Jahre hatten gerade begonnen, da kam in den USA ein Raubdruck der englischen Originalausgabe von „The Lord of the Rings“ in Umlauf, der Tolkiens Werk zu einem Kultbuch machte. Geradezu verspätet und erst durch den Raubdruck trat dieses Buch den Siegeszug an. Die Fangemeinde wuchs immens an, weltweit. Von da an sollte das Interesse an den Werken Tolkiens nicht mehr nachlassen. „Der Herr der Ringe“, vor allem aber dessen unerwarteter Erfolg, regte viele Autoren an, in dieser Weise Welten zu erfinden. Viele hatten Erfolg, doch nur wenige erreichten Tolkiens Qualität, denn zwischen ihnen bestand ein bedeutender Unterschied: Bildung.

Aufgabe 34 **Mythologie (Z. 4):** Götter- oder Sagengeschichte
Fabulieren (Z. 4 f.): fantasievoll erzählen
Inspiration (Z. 27): Einhauchung, Eingebung
Philologie (Z. 29): Sprach- und Literaturwissenschaft
Trilogie (Z. 32): Dreiteiler
Christianisierung (Z. 35 f.): Bekehrung zum Christentum
Pate stehen (Z. 46 f.): Vorbild sein
real (Z. 52): wirklich; im Gegensatz zu **fiktiv** (ausgedacht)
Idiom (Z. 58): Sprechweise einer bestimmten Personengruppe

Aufgabe 35 **J. R. R. Tolkien: Der Herr der Ringe (1954/1955)**
„Wissen über die keltische und germanische Mythologie“ (Z. 3 f.)
„Leidenschaft des Fabulierens“ (Z. 4)
„die eigentliche Funktion des Erzählens besteht nicht in der Unterhaltung, sondern in der Orientierung“ (Z. 11–13)
„Wirkung der guten und der bösen Macht“ (Z. 14 f.)
„Macht im Guten ausüben“ (Z. 16)
„großer Tugend und Charakterstärke“ (Z. 16 f.)
„dem Macht nichts bedeutet, wie Hobbit Frodo Beutlin“ (Z. 17 f.)
„ihr nicht zu erliegen“ (Z. 19)
„Shakespeare und andere Quellen als Inspiration“ (Z. 27 f.)
„Professor für englische Philologie“ (Z. 29)
„Macbeth“ (Z. 31)
„auch andere Quellen für seine große Trilogie“ (Z. 32)
„frühen englischen Literatur“ (Z. 33)
„Artus-Geschichten: Christianisierung Englands im 6. Jahrhundert und die Auseinandersetzung zwischen Kelten und Sachsen.“ (Z. 35–37)
„wissenschaftliche Arbeit über die Geschichte von ‚Sir Gawain and the Green Knight‘ (Herr Gawain und der grüne Ritter)“ (Z. 39–41)
„aus keltischen und altsächsischen Quellen“ (Z. 45 f.)
„altsächsisches Beowulf-Epos und frühe keltische Literatur in vier alten Büchern erhalten: diesen realen Überlieferungen fiktiv die sechs Bücher von Mittelerde hinzugefügt“ (Z. 47–55)
„als habe der Wissenschaftler Zugang zu dem verlorenen und geheimen Wissen der Kelten von Wales erhalten“ (Z. 55 f.)
„das Wissen des Forschers mit einem wahrhaft großen Thema zu verbinden“ (Z. 63 f.)
„spannend zu gestalten“ (Z. 65 f.)

Aufgabe 36 J. R. R. Tolkien, der Autor von *Der Herr der Ringe* (1954/1955), besaß viel Wissen über die keltische und germanische Mythologie und gleichzeitig die Leidenschaft des Fabulierens. Dabei orientierte er sich an der Idee: die eigentliche Funktion des Erzählens besteht nicht in der Unterhaltung, sondern in der Orientierung. Er wollte die Wirkung der guten und der bösen Macht zeigen. Wer Macht im Guten ausüben will, muss große Tugend und Charakterstärke besitzen. Nur der, dem Macht nichts bedeutet, wie Hobbit Frodo Beutlin, erliegt ihr nicht.

Tolkien benutzte Shakespeare und andere Quellen als Inspiration für den *Herrn der Ringe*. Er war Professor für englische Philologie und kannte so Shakespeares Drama *Macbeth*, aber er hatte auch andere Quellen für seine große Trilogie, vor allem aus der frühen englischen Literatur: Dazu gehören die Artus-Geschichten, die von der Christianisierung Englands im 6. Jahrhundert und der Auseinandersetzung zwischen Kelten und Sachsen erzählen.
Tolkien hat eine wissenschaftliche Arbeit über die Geschichte von *Sir Gawain and the Green Knight* (Herr Gawain und der grüne Ritter) geschrieben und kannte keltische und altsächsische Quellen. Vor allem das altsächsische Beowulf-Epos und frühe keltische Literatur in vier alten Büchern greift er auf und fügt diesen realen Überlieferungen fiktiv die sechs Bücher von Mittelerde hinzu. Er tut dabei so, als habe der Wissenschaftler Zugang zu dem verlorenen und geheimen Wissen der Kelten von Wales erhalten. Ihm gelingt es, das Wissen des Forschers mit einem wahrhaft großen Thema zu verbinden und es auch noch spannend zu gestalten.

Aufgabe 37

1. Welche alte keltische Sprache lernte Tolkien? (Z. 58)
2. Wer erliegt der Macht nicht? (Z. 17–20)
3. Welches altsächsische Werk hat Tolkien geliebt? (Z. 47)
4. Was ist die eigentliche Funktion des Erzählens? (Z. 12 f.)
5. Von welchem Volk stammen die Elben ab? (Z. 59–62)
6. Worüber schrieb Tolkien eine wissenschaftliche Arbeit? (Z. 38–42)
7. Was trieb Tolkiens Fantasie an? (Z. 2–4)
8. Was bildet den Hintergrund für die Artus-Geschichten? (Z. 34–37)

Aufgabe 39 a) Die Definitionen des Begriffs sind in der Lösung unten farbig hinterlegt. Wörtern, deren Bedeutung im gleichen Lexikon nachgeschlagen werden kann, geht im *Jugend-Brockhaus* und in *Meyers Enzyklopädischem Lexikon* ein Pfeil (→) voraus. Im Wikipedia-Artikel sind sie unterstrichen. Hier in der Lösung sind all diese Wörter zur Kennzeichnung kursiv gedruckt:

Text 1:

Die Zwillingsbrüder Kastor und Polydeukes, von den Römern Castor und Pollux genannt, wurden als Söhne des Zeus verehrt. Pollux war als Faustkämpfer bekannt. Castor als Rossebändiger. Gemeinsam bestanden sie viele Abenteuer. So eroberten sie ihre von dem attischen König Theseus entführte Schwester Helena zurück und nahmen am Zug der → *Argonauten* teil.

Text 2:

Kastor und Polydeukes (**lat.** Pollux), **göttl.** Zwillinge der **griech.** Mythologie. Trotz ihres Namens **„D.“**, durch den sie beide als Zeussöhne bezeichnet sind, gibt es verschiedene Versionen über ihre Herkunft: nach Homer sind sie wie Klytämnestra Kinder des Tyndareos und der Leda, mit der Zeus nur Helena zeugt; nach anderen sind Helena und Polydeukes göttl. Abstammung, Kastor und Klytämnestra Sterbliche. Die **D.**, von denen Kastor als Rossebändiger, Polydeukes als Faustkämpfer Ruhm erlangt, nehmen am Zug der Argonauten und an der Kalydonischen Jagd (→ *Meleagros*) teil. Als sie ihren **messen**. Vettern Idas und Lynkeus die Bräute entführen wollen, wird Kastor von Idas erschlagen, während Polydeukes Lynkeus tötet. Um die Zwillinge nicht zu trennen, gestattet ihnen Zeus, gemeinsam je einen Tag in der Unterwelt und einen im Olymp zu verbringen. – Von Sparta ausgehend, eroberte sich der Kult der überaus populären **D.**, die man **v. a.** als Helfer in Seenot anrief, Griechenland und Italien.– Dargestellt sind die **D.** schon auf **griech.** Vasen (z. B. „Heimkehr der **D.**“ auf einer Amphora des Exekias, um 530 bis 525. **Vatikan.** Sammlungen), in der **röm.** Kunst u. a. als Freiplastik (Die „**D.** die Rosse bändigend“ auf dem Monte Cavallo in Rom, 330 n. Chr. wohl von den Thermen des Konstantin). In der Neuzeit ist wohl die berühmteste Darstellung der **D.** „Der Raub der Töchter des Leukippos“ von Rubens (München, Alte Pinakothek).

Text 3:

Unter den **Dioskuren** (*altgriechisch* **Διόσκουροι** – Dios kouroi, Söhne des Zeus) versteht man in der *griechischen Mythologie* die Halb- und Zwillingsbrüder Kastor und Polydeukes. Häufig werden sie mit ihren lateinischen Namen **Castor** und **Pollux** genannt, in welcher Form sie darüber hinaus Namensgeber eines hellen *Sternpaares* im *Wintersternbild der Zwillinge* sind.

Polydeukes war der Sohn von *Leda* und *Zeus*, der ihr in Gestalt eines *Schwans* erschien. Über Kastors Abstammung herrschte unter den Griechen Uneinigkeit. Für die einen galt er als der Sohn der Leda und deren Gatten *Tyndareos* und wurde in der selben Nacht wie Polydeukes gezeugt. Da sie in der gleichen Nacht empfangen wurden, sind sie Zwillinge und unzertrennlich, allerdings war Polydeukes als Zeus' Sohn ein *Halbgott*, Kastor aber ein Sterblicher. [...]

Oft werden jedoch beide ihrem Namen entsprechend als Söhne des Zeus bezeichnet, die beide unsterblich gewesen seien und mit *Helena*, ihrer Schwester und ebenfalls einer Tochter des Zeus, aus einem Ei oder als Brüderpaar aus einem zweiten Ei gesprungen seien. Sie gelten als der Stolz *Spartas*.

Als *Sternbild* hatten sie besondere Beziehungen zur *Seefahrt* und waren dort helfende Gottheiten, die man in Seenot anrief. Der Dioskurenkult verbreitete sich zunächst über die ganze *Peloponnes* und über das hellenistische Kleinasien, auf *Samothrake* (vor den *Dardanellen*) hatten sie ein bedeutendes Heiligtum. Auch in der *etruskischen* Mythologie spielten sie eine wichtige Rolle.

In Rom, wo sie der Sage nach bei der Schlacht am *Regillus lacus* (um 500 v. Chr.) auf Seiten der *Römer* gegen die *Latiner* eingriffen, bestand ein ausgeprägter Dioskurenkult. Auf dem *Forum Romanum* fand sich ein *Tempel der Dioskuren*.

Die deutsche *Redensart* zur Bezeichnung eines unverbrüchlichen Freundespaars „wie Castor und Pollux" hat sich bis heute gehalten.

b) Abkürzungen (im obigen Lösungstext sind diese farbig gedruckt):

lat. – lateinisch	messen. – messenisch
göttl. – göttlich	v. a. – vor allem
griech. – griechisch	vatikan. – vatikanisch
D. – Dioskuren	röm. – römisch

c) Text 1:
1. Allgemeine Bedeutung, Abstammung der Brüder (Z. 1–4)
2. Besondere Eigenschaften und Taten (Z. 4–14)

Text 2:
1. Allgemeine Bedeutung (Z. 1–4)
2. Versionen zur Abstammung (Z. 4–8)
3. Besondere Eigenschaften und Taten (Z. 8–16)
4. Dioskurenkult (Z. 16–19)
5. Darstellungen (Z. 19–27)

Text 3:
1. Allgemeine Bedeutungen (Z. 1–11)
2. Mythologischer Hintergrund: Abstammung, Leben, Tod (Z. 11–45)
3. Sternbild (Z. 46–52)
4. Dioskurenkult (Z. 53–57)
5. Redensart (Z. 58–60)

d) In dem Lexikonartikel aus *Meyers Enzyklopädischem Lexikon* und aus Wikipedia wird deutlich, dass die beiden Brüder möglicherweise gar keine „echten" Zwillinge waren. Der eine war wohl ein (Halb-)Gott, der andere ein Sterblicher. Im *Jugend-Brockhaus* wird das Leben der Dioskuren nur sehr kurz wiedergegeben – hier finden sich auch keine Hinweise zu ihrem Ende.

Aufgabe 41 a)

1.	griechische Mythologie
2.	Sternbild
3.	Redensart
4.	Tragödie (Oper) von Jean-Philippe Rameau
5.	Kastor und Pollux (Hochhäuser)
6.	Dioskuren (Zeitschrift)
7.	Brüderpaar im Film „Face/Off – Im Körper des Feindes", John Woo
8.	Goethe-Schiller-Denkmal, Ernst Rietschel
9.	zwei Berggipfel in der Schweiz (Gebiet Zermatt/Wallis)
10.	zwei Elefanten

b) Sie hielten zusammen wie Castor und Pollux. (3)
Wir hatten uns für den Sommer Castor und Pollux vorgenommen. (9)
Gehst du mit mir morgen Abend in „Castor und Pollux“? (4)
Wir treffen uns heute Nachmittag bei Castor und Pollux. (5 oder 8)
„Dioskuren“ sollte verboten werden. (6)
Castor liebte seinen Bruder Pollux. (1)
Als es dunkel war, hielten wir Ausschau nach Castor und Pollux. (2)
Castor und Pollux mussten 1870 auf dem Höhepunkt einer Hungersnot geschlachtet werden. (10)

Aufgabe 42 **Beispiel „Ostasiatische Polterechse“**
Die türkisfarbene ostasiatische P. wird i. d. R. bis zu 1,5 m lang und 15 kg schwer. Sie ist heimisch im Unterholz des ostasiatischen Dschungels, vor allem in Indien. Ihren Namen hat die P. von ihrem ungeschickten Gang, der mit Polter-Geräuschen verbunden ist. Diese Geräusche machen die Umgebung schnell auf eine Annäherung der P. aufmerksam. Da sie aber kaum natürliche Feinde hat, ist der Bestand dieser Echsenart gesichert. In früheren Zeiten galt der Verzehr von P.-zungen als Delikatesse in Indien, angesichts der geringen Größe ist man aber von der Jagd abgekommen …

Gebrauchstexte

Aufgabe 43 **Furchtaggression**
Furcht**aggression** ~~Angst~~ tritt am häufigsten bei Hunden aus Tierheimen auf und liegt daran, dass sie früher missbraucht wurden. Diese Tiere benötigen ~~fünfzehn~~ **Rehabilitation**.
Hunde, die aus Angst aggressiv sind, zeigen schon mit drei Monaten ~~auf~~ typische Verhaltensmuster. Sie reagieren ~~beißen~~ verängstigt, selbst wenn gar kein Grund vorliegt. Ein nahender Fußgänger oder ein Gegenstand ~~belohnen~~ auf der Straße jagt ihnen Angst ein. Sie reagieren ~~eine~~ mit Knurren, Zittern, Schwanz zwischen die Beine klemmen, möglicherweise **urinieren** sie oder setzen Kot ab. Nacken- und Rumpfhaare werden ~~kaputt~~ aufgestellt. Es ist ~~und~~ wichtig, mit einem solchen Tier zum Verhaltensspezialisten zu gehen. Oftmals benötigen sie Medikamente ~~schlafen~~ und ein **Desensibilisierungsprogramm**. Dabei wird der Hund schrittweise dem Angst ~~Sie~~ verursachenden

Auslöser ausgesetzt. Gleichzeitig ~~für~~ wird er einer **Entspannungstherapie** unterzogen. Zwischenzeitlich können Sie zu folgenden ~~wenn~~ Maßnahmen greifen:

- Vermeiden Sie, Ihren Hund ~~ohne~~ angstauslösenden Dingen auszusetzen, bis Sie entsprechende Hilfe gefunden haben.
- Streicheln Sie ihn nicht, wenn er ängstlich ~~Katze~~ ist. **Ignorieren** Sie dies ~~ihn~~ stattdessen.
- Wenn ~~bei~~ er sich entspannt, belohnen Sie ihn.

Aufgabe 44

Aggression: „feindselige Haltung eines Menschen od. eines Tieres mit dem Ziel, die eigene Macht zu steigern oder die Macht des Gegners zu mindern“ – Angriffshaltung
Rehabilitation: „(Wieder)eingliederung eines Kranken, körperlich od. geistig Behinderten in das berufliche u. gesellschaftliche Leben“ – Herstellung einer normalen Beziehung zur Realität
urinieren: „harnen“ – pinkeln
Desensibilisierung: „Schwächung od. Aufhebung der allergischen Reaktionsbereitschaft durch stufenweise gesteigerte Zufuhr des anfallauslösenden Allergens“ – hier: der Hund wird mehr und mehr mit dem zusammengebracht, was ihm Angst macht, um ihn schrittweise an den Auslöser der Angst zu gewöhnen
Entspannungstherapie: „Heilbehandlung“, die zur Entspannung führt
ignorieren: „nicht wissen wollen; absichtlich übersehen, nicht beachten“ – hier sind nur die beiden letzten Erklärungen zu gebrauchen

Quelle: Duden „Fremdwörterbuch“. 7., neu bearb. u. erw. Aufl., Mannheim u. a.: Dudenverlag 2001.

Aufgabe 45

a) ☒ Besonders Hunde aus Tierheimen reagieren mit Furchtaggression.

b) ☒ Ängstliche Hunde stellen ihre Nackenhaare auf.

c) ☒ Ängstliche Hunde sollen belohnt werden, wenn sie sich entspannen.

Aufgabe 46

I. Tortilla – spanisches Kartoffelomelett
Zum ersten Mal hab ich das probiert, als wir im Urlaub in Spanien Tapas aßen. Sieht wie Kuchen aus, ist aber ein Omelett mit Kartoffeln und Zwiebeln. Das klingt nicht besonders lecker, ist es aber, glaub mir. Iss es warm, geschnitten wie ein Tortenstück – die ideale Entspannungsmahlzeit.

Für 4 Personen
Zutaten:
110 ml Olivenöl
3 Zwiebeln, in dünne Scheiben geschnitten
3 große Kartoffeln, geschält und in dünne Scheiben geschnitten
8 Eier
Salz und schwarzer Pfeffer

Zubereitung:
1. Erhitz Öl in einer großen (25 cm Durchmesser), schweren Pfanne. Gib die Zwiebeln hinein und brat sie fünf Minuten an.
2. Füg die Kartoffeln zu und lass das Ganze 20 Minuten sanft braten. Von Zeit zu Zeit wenden, damit alles gleichmäßig gart.
3. Schlag die Eier in eine große Schüssel und verquirl sie mit einer Gabel. Salzen und pfeffern.
4. Heb Zwiebeln und Kartoffeln mit dem Bratenwender auf einen Teller und leg Küchenpapier drauf – es nimmt das überschüssige Öl auf.
5. Gieß alles Öl aus der Pfanne.
6. Gib die Kartoffeln und Zwiebeln zur Ei-Mischung.
7. Jetzt wieder 2 Esslöffel Öl in die Pfanne. Schalt die Platte höher, damit es heiß wird.
8. Gib Kartoffeln und Ei zurück in die Pfanne und schalt dann runter.
9. Beim Garen immer wieder die Pfanne schwenken, damit nichts ansetzt.
10. Sobald die Tortilla fest zu werden beginnt, in der Mitte aber noch etwas flüssig ist, fahr mit einem Messer rundum, lass sie aufs Backblech gleiten und stell sie kurz bei mittlerer Hitze unter den Grill.

Variante: Halbier die Tortilla längs, beleg die untere Hälfte mit Rucola, Tomaten und Schinken. Deckel drauf und in Tortenstücke schneiden.

II. Wrap aus Ei-Mayo & süßsaurer Gurke

Dass Ei-Mayo und Gurken gut miteinander auskommen, weiß jeder, oder? Tunk die Gurke in süßsaures Dressing, dann schmeckt auch das Ei richtig süß. Es kommt eben auf den feinen Unterschied an.

Für 1 Person
Zutaten:
1 Teelöffel Weißweinessig
1 Prise Zucker
frischer gehackter Dill (wenn du magst)
10 cm langes Stück Salatgurke, geschält

2 Eier
1 Klacks Mayonnaise
Wrap oder Brot nach Wahl
Salz und schwarzer Pfeffer

Zubereitung:

1. Mach dir eine Marinade für die Gurke. Gib den Weinessig, Zucker und Dill (wenn du magst) in eine flache Schüssel.
2. Die Gurke in dünne Scheiben schneiden und in die Marinade tunken.
3. Du brauchst hart gekochte Eier. Gib die Eier auf einem Löffel in kochendes Wasser und bring es wieder zum Kochen. Nach 10 Minuten herausnehmen, abschrecken und pellen.
4. Schneid die Eier in Scheiben und vermenge sie in einer kleinen Schüssel mit Mayo und Gewürzen.
5. Füll den Wrap oder das Brot mit der durchgezogenen Gurke und der Ei-Mayo.

Variante: Schmeckt auch gut mit Tomatenscheiben, Kresse oder mit etwas Currypulver, Mangochutney und Frühlingszwiebeln.

III. Eier-Bratreis

Für 1 Person

Zutaten:

50 g Langkornreis
200 ml Wasser
25 g Erbsen
2 Eier
1 Frühlingszwiebel, gehackt
4 ½ Teelöffel Sonnenblumenöl, Salz

Zubereitung:

1. Koch Reis oder hol ihn aus dem Kühlschrank. Koch Erbsen.
2. Schlag die Eier mit 1 Prise Salz auf. Gib etwas gehackte Frühlingszwiebel dazu.
3. Erhitz den Wok. Gieß Öl rein und lass es heiß werden.
4. Reduzier die Hitze. Gieß die Eier rein und verrühr sie leicht. Gib den Reis dazu, bevor die Eier fest sind. Schalt die Temperatur hoch. Locker die Mischung mit einer Gabel.
5. Gib die Erbsen und den Rest der Frühlingszwiebel dazu. 1 Minute braten. Salzen.

Aufgabe 47 Die Einführung gehört zum Rezept „Eier-Bratreis", da dieses Gericht neben Eigelb auch Hülsenfrüchte (Erbsen) enthält.

Aufgabe 48 Es handelt sich um eine Anleitung für eine Lerntechnik, bei der man einen Spickzettel erstellt, um dabei das Aufgeschriebene zu lernen – den Spickzettel benötigt man dann nicht mehr.

Aufgabe 50

lesen – abrufen – ~~Tapetenrolle~~ – notieren	*Verben*
Plakat – ~~zu Hause~~ – Riesenblatt – Mini-Spickzettel	*Schreibuntergrund*
ein – das – ~~am~~ – die	*Artikel*
~~vorher~~ – guten – wunderbar – am besten	*Wertungen*
Socken – ~~Spickzettel~~ – Fußsohle – Auge	*auf den Körper bezogen*
wunderbar – gut – ~~gehört~~ – dick	*Adjektive*
~~hierauf~~ – unter – am – für	*Präpositionen*
malst – wiederholst – ~~zu kommen~~ – versteckst	*kein Infinitiv*
du – ~~er~~ – dir – dein	*betreffen die 2. Person Singular*

Anmerkung: Bei dieser Übung brauchst du etwas Grammatikkenntnisse. Wenn du merkst, dass du hier Lücken hast, frage deine(n) Deutschlehrer/in.

Aufgabe 51 **erster Text:** Indem man mehrmals den Lernstoff aufschreibt, wiederholt man ihn. Wenn man jedes Mal weniger schreibt, findet man nach und nach heraus, was das Wichtigste ist.

zweiter Text: Indem man den Spickzettel unzugänglich an seinem Körper trägt, kann man ihn sich genau vorstellen und sieht ihn so „vor seinem geistigen Auge".

Aufgabe 52

	Buchstabe der Beschreibung	richtige Reihenfolge
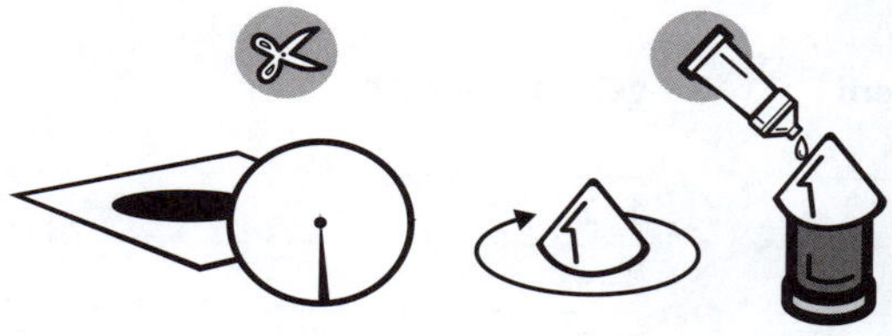	C	2
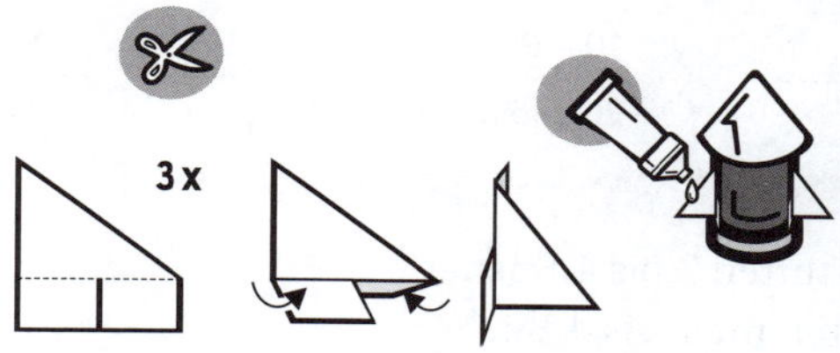	A	3
	D	1
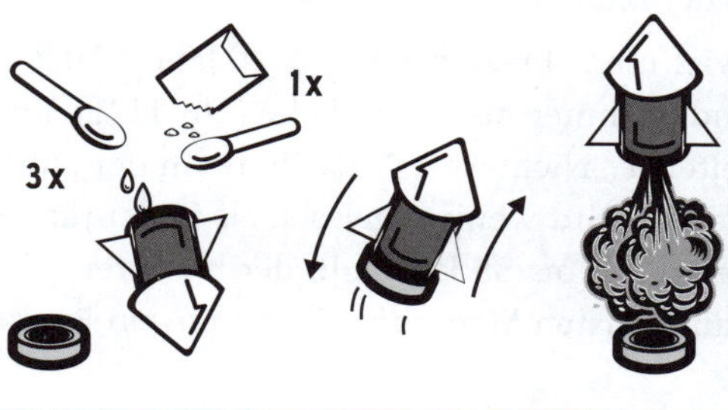	B	4

Aufgabe 53

Ihr braucht:

1 leere Filmdose
1 Bogen dünnen Karton
Bleistift und Schere
Alleskleber
pro Start 1 Teelöffel Backpulver
und 3 Teelöffel Essig

Grafiken

Aufgabe 55 a) Die Ergebnisse des Diagramms in der Tabelle:

Prozent von 100 Bundesbürgern über 14 Jahren	gekaufte Bücher
16 %	1–2
42 %	3–4
26 %	5–9
12 %	10–19
5 %	20 und mehr

b) Die meisten Bundesbürger kauften 3 bis 4 Bücher.
c) 43 % der Bundesbürger kauften mehr als 4 Bücher.
d) Hoffentlich viele!
e) 62 % lesen nur einmal in der Woche oder weniger häufig Bücher.
f) Wenn du täglich bzw. mehrmals in der Woche Bücher liest, dann bist du ein echter Vielleser!

Aufgabe 57 a) Die Ordinate (=Länge des Balkens) zeigt, wie viele Menschen gesagt haben, dass sie nie ein Buch zur Hand nähmen. Auf der Abszisse (=Position des Balkens) kann man das Alter der Menschen nachsehen.

b) Man kann feststellen, dass viel mehr Erwachsene (ab 20 Jahre: 20 % und mehr) „nie ein Buch zur Hand“ nehmen als Jugendliche (nur 11 %). Jüngere Erwachsene sind dabei seltener „Nicht-Leser“ als ältere. In der „mittleren Altersstufe“ (30 bis 49 Jahre) wird weniger gelesen als in der jüngeren (bis 30 Jahre) und in der älteren (50 bis 59 Jahre). In der höchsten Altersstufe (ab 60 Jahre) nehmen am meisten Menschen (31 %) nie ein Buch zur Hand.

c) Jugendliche befinden sich eher noch in einer Ausbildung, man fordert also von ihnen, dass sie lesen. Wenn man die Erwachsenen betrachtet, so sind vielleicht ältere Erwachsene nicht so gut gebildet wie jüngere, früher haben viele Menschen keine längere Ausbildung machen können. Die „mittlere Altersstufe“ ist vielleicht sehr beschäftigt durch Kindererziehung und Beruf und hat daher weniger Zeit zum Lesen.

Aufgabe 59 DAX steht für Deutscher Aktienindex; er wurde am 1. Juli 1988 eingeführt. Er zeigt, wie die Aktienkurse der 30 größten und umsatzstärksten Unternehmen an der Frankfurter Wertpapierbörse stehen. Dabei verändert sich die Zusammensetzung dieser Liste, manche Firmen scheiden aus und werden durch andere, erfolgreichere ersetzt. Mit dem DAX-Wert wird allgemein angezeigt, wie gut die deutsche Wirtschaft wahrgenommen wird.

Aufgabe 60 a) Im Vergleich mit dem Rest des **Tages:** Um 9.02 Uhr startete der DAX mit 5 135,14 Punkten. Zwischendurch gab es eine kleine Erholung der Kurve mit einem Hoch um 14.41 Uhr (5 383,79 Punkte), dann aber wieder einen starken Abfall bis 16.47 Uhr mit einem Tief von 5 097,32 Punkten und erst gegen Abend wieder einen Anstieg mit einem Tagesabschluss von 5 199,19 Punkten um 17.44 Uhr. Insgesamt gab es eine Veränderung von 136,74 (2,70 %) im Vergleich zum Vortag.

Im Vergleich mit dem letzten **Vierteljahr:** Bis zum ersten September war der DAX noch in einem relativen Hoch von ca. 6 500 Punkten, dann brach er ein, wobei ein besonders starker Einbruch Anfang Oktober zu beobachten ist (bis zu ca. 4 500 Punkten). Danach scheint sich der DAX wieder zu erholen.

Im Vergleich mit dem letzten **Jahr:** Zum Ende des Jahres 2007 war der DAX auf einer Höhe von ca. 8 000 Punkten, brach dann zu Beginn des Jahres 2008 auf unter 7 000 ein und hielt sich bis Anfang Oktober 2008 mit Schwankungen in dem Bereich zwischen ca. 6 000 und 7 200 Punkten.

b) ☒ höher als der am Tag davor um 17.45 Uhr.

Aufgabe 61 **G-20** benennt die Gruppe der zwanzig wichtigsten Industrie- und Schwellenländer. Der Zusammenschluss aus 19 Staaten und der EU besteht seit 1999.
Ein **Schwellenland** befindet sich an der Schwelle zwischen einem (armen) Entwicklungsland und einem (reichen) Industrieland.
Das **Bruttoinlandsprodukt** (BIP) gibt den Gesamtwert aller Güter (Waren und Dienstleistungen) an, die innerhalb eines Jahres innerhalb der Landesgrenzen einer Volkswirtschaft hergestellt wurden. Das BIP ist ein Maß für die wirtschaftliche Leistung einer Volkswirtschaft in einem bestimmten Zeitraum.
Kaufkraftparität (KKP): Gleichheit (Parität) von Kaufkraft zwischen zwei Ländern gibt es dann, wenn Waren und Dienstleistungen für gleich hohe Geldbeträge erworben werden können.

Aufgabe 63

a) Die acht Länder mit dem größten BIP pro Kopf sind Deutschland, die Vereinigten Staaten von Amerika, Japan, Großbritannien, Kanada, Frankreich, Italien und Australien. Die anderen Länder werden häufig als Schwellenländer bezeichnet, weil sie sich erst kürzlich aus dem Zustand des Entwicklungslandes herausbewegt haben.

b) Es gibt Länder, die eine niedrige Bevölkerungszahl haben (v. a. Deutschland, Japan), aber ein hohes BIP, es gibt aber auch stark bevölkerte Länder wie Indien, die ein weniger hohes BIP haben. Brasilien hat doppelt so viele Einwohner wie Deutschland, aber nur fast halb so viel BIP. Die USA hat dreimal so viele Einwohner wie Deutschland, ihr BIP ist aber mehr als fünf mal so groß.

c) In der G-20 sind sehr unterschiedliche Länder vereint – arme und reiche, bevölkerungsreiche und bevölkerungsarme, Länder mit hohem Lebensstandard und Länder, in denen viele arme Menschen leben.

Aufgabe 65

a) Minarett (Z. 48)
Gebetsraum (z. B. Z. 33)
Sadirvan (Z. 40)
Portikus (Z. 34)
Kuppel (Z. 63)
Mihrab (Z. 19)
Pfeiler (Z. 70–72)

b)
- Geometrisches Problem: wie eine runde Kuppel über einem quadratischen Raum errichten? – System aus Pfeilern und Bögen.
- Bautechnisches Problem: nach außen gerichteter Schub auf die Pfeiler durch die Halbkugel der Kuppel – Gelöst wird dieses Problem durch ein Verstärken der Seiten durch Belastungstürmchen und Halbkuppeln.

c) Die Qibla ist eine gedachte Linie, die Richtung Mekka weist; die Qiblawand wurde (im Osten der Moschee) senkrecht zu dieser Linie errichtet, der Mihrab befand sich in der Qiblawand genau auf der Qibla – ebenso wie der Sadirvan (vgl. Z. 43–45). Auf der nächsten Seite ist die Qibla in das Schaubild eingezeichnet.

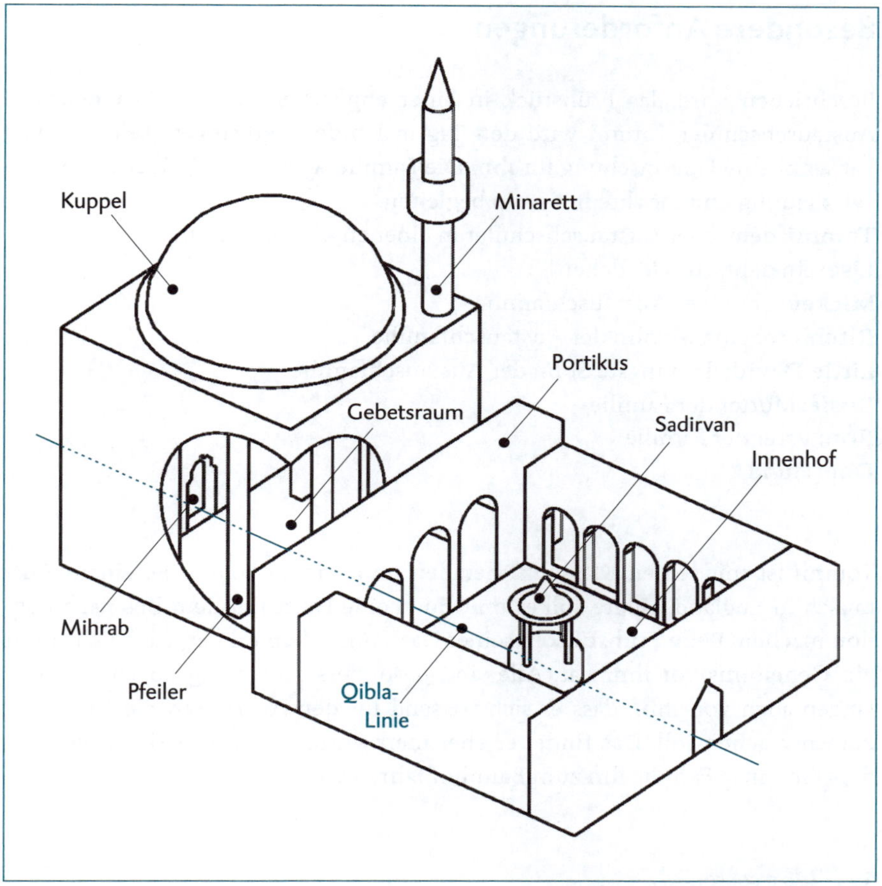

Aufgabe 66

- Die Quibla zeigt in Richtung Mekka (Stadt des Propheten Muhammad und der Kaaba Z. 23–26).
- Die Betenden stehen in parallelen Reihen mit dem Gesicht zur Quiblawand (Z. 12–18).
- Der Mihrab (die Gebetsnische) symbolisiert den Eingang zum Paradies (Z. 18–21).
- Der Imam betet mit der Gemeinde vor dem Mihrab (Z. 21–23).
- Es gibt ein Freitagsgebet (Z. 36 f.).
- Gläubige waschen sich vor dem Betreten des Gebetsraums (Z. 39–43).
- Die Gläubigen werden vom Minarett fünfmal am Tag zum Gebet gerufen (Z. 46–51).

Besondere Anforderungen

Aufgabe 67 Beschrieben wird das Frühstück in einer englischen Familie. Der deutsche Austauschschüler Tommi wird den Tag in London verbringen, seine Familie hat wohl eine Überraschung für ihn. Die Familie wundert sich über seine Freizeitkleidung und möchte ihn wohl begleiten.

Tommi: deutscher Austauschschüler in einer englischen Familie
Lise: ein deutsches Mädchen
Mickey: Sohn der Austauschfamilie
Ritchie: ebenfalls Sohn der Austauschfamilie
Little David: der jüngste Sohn der Austauschfamilie
Rosie: Mutter der Familie
Ron: Vater der Familie
Dog: Hund

Aufgabe 68 Tommi ist mit seinen Klassenkameraden und seinem Lehrer bei einem Austausch in England. Heute soll er mit ihnen eine Fahrt mit dem Bus nach London machen. Beim Frühstück in seiner Gastfamilie bemerkt er, dass die Familie ein Geheimnis vor ihm hat. Alle sind besonders schick angezogen und verlangen auch von ihm, dass er sich passend für den Ausflug in die Großstadt zurechtmachen soll. Das findet er eher merkwürdig – noch merkwürdiger ist, dass die ganze Familie ihn zum Bahnhof fahren will.

Aufgabe 69

1. "It's a secret."
   ☒ Heute fährt die ganze Familie mit.
2. "They probably see it differently in Germany …"
   ☒ In Deutschland ist es nicht so wichtig, sich für die Stadt fein anzuziehen.
3. "But you don't have to …"
   ☒ Ihr braucht mich nicht mitzunehmen.

Aufgabe 70 **Folgende Begriffe könnten dir zum Beispiel einfallen:**

Krieg
Palästinenser
Hamas
Jerusalem

Aufgabe 71

1. „Intifada“ bedeutet in der arabischen Sprache „Erwachen“/„Abschütteln“.
2. Dezember 1987.
3. Ein israelisches Armeefahrzeug fuhr in eine Gruppe Palästinenser und tötete dabei vier Menschen.
4. Eine ganze Generation von Palästinensern fühlte sich ungerecht behandelt, sie waren im Elend der Lager aufgewachsen.
5. Mittel der „Intifada“ waren ziviler Ungehorsam, Streiks, Krawalle und vor allem das Werfen von Steinen.
6. Es schoss in die Menschenmenge.
7. Massenfestnahmen und Räumungsaktionen.
8. Unterstützung kam von den Gruppen Islamischer Dschihad, Hamas und von der PLO.
9. Die Einwanderer wurden in die ehemalige Heimat der Palästinenser aufgenommen, in die sie selbst nicht zurückkehren durften.
10. Sie dauerte etwa bis 1993.

Aufgabe 72

a) Israelis und Palästinenser wollen gemeinsam in demselben Land wohnen, verstehen sich aber nicht.

b) Die Israelis haben die Palästinenser vertrieben und erlauben stattdessen jüdischen Siedlern (z. B. aus der ehemaligen Sowjetunion) hier zu wohnen. Das führt zu Aggressionen bei den Palästinensern, die mit Gewalt antworten. Die Israelis fühlen sich deshalb unsicher und wollen den Palästinensern keine Freiheit lassen.

Aufgabe 73 Karte von Israel mit Gaza und dem Westjordanland

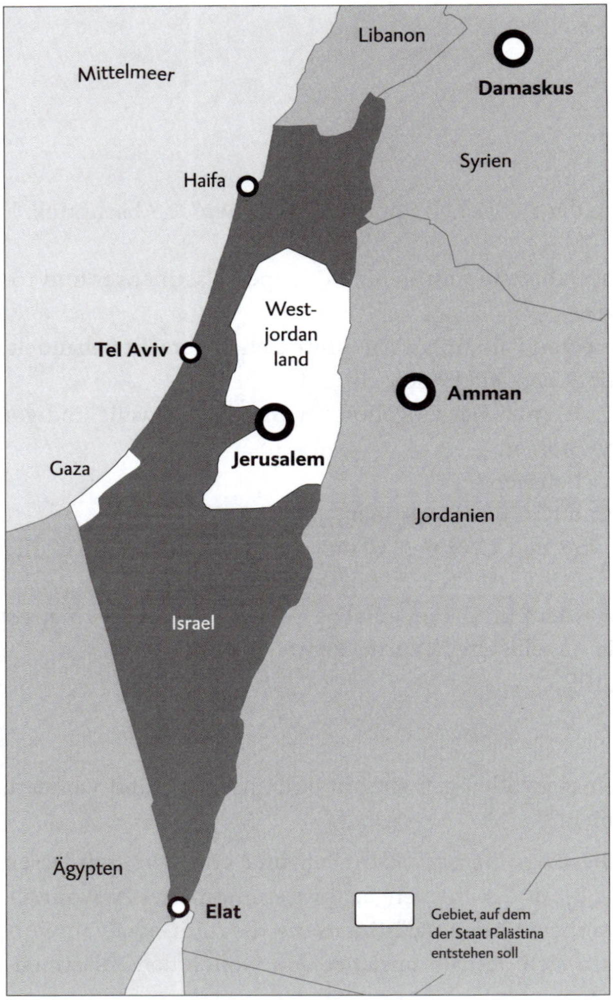

Aufgabe 74 **A:** Ist bei dir alles in Ordnung?

B: Ja, mir geht es sehr gut, na ja, eigentlich habe ich gerade eine Fünf in der Mathematikarbeit bekommen und außerdem bin ich erkältet.

A: Ätsch, das habe ich dir doch gesagt, dass der Lehrer eine Arbeit schreiben lassen wird.

B: Dein Verhöhnen deprimiert mich jetzt aber!

A: Das wird dich bestimmt ärgern, wenn du das hörst, aber ich habe eine zwei geschrieben.
B: Meinst du etwa, du wärst schlauer als ich?
A: Musst du mich gleich so beleidigen?
B: Ich wollte dich ja nicht verletzen, rege dich nicht auf, du musst nicht gleich alles so aufbauschen.
A: Jetzt langweilst du mich mit deinen weitschweifigen Entschuldigungen!
B: Bis morgen!

Teste dein Können

ufgabe 75 **Robert Gernhardt**
Dreißigwortegedicht
Siebzehn Worte schreibe ich
auf dies leere Blatt,
acht hab' ich bereits vertan,
jetzt schon sechzehn und
es hat alles längst mehr keinen Sinn,
ich schreibe lieber dreißig hin:
dreißig.

ufgabe 76
a) Das Gedicht hat in der Tat dreißig Worte, aber nur, weil das Wort „dreißig" noch angehängt wurde.
b) Das Gedicht geht mit einem regelmäßigen Trochäus los, verliert ein regelmäßiges Metrum aber in der fünften Zeile. Ein Reim findet sich nur in den Zeilen 5 und 6.
c) Während ich das Gedicht lese, habe ich schon seinen „Sinn" erfasst. Dieser besteht nur darin, dass dreißig Worte verwendet wurden – ohne dass inhaltlich viel gesagt worden wäre.

ufgabe 79 In diesem Text werden fünf Figuren vorgestellt: Die Hauptfigur ist **Justin**, seine Freundin heißt **Agnes** (ab Z. 22), sein Freund **Peter** (ab Z. 1), sein Hund **Boy** (ab Z. 52). Außerdem ist von seinem Trainer die Rede (ab Z. **17**). Meistens nehmen wir das Geschehen aus Justins Perspektive wahr. Das zeigt etwa der folgende Satz: „Justin sah und hörte sie nicht, er hatte keine Ahnung, wo sie sich befanden. Er hört nur die Stimme in seinem Ohr und rannte, so schnell er konnte." (Z. **101 f.**) An manchen Stellen wird aber auch deutlich, dass Justin gar nicht mehr richtig merkt, was um ihn herum passiert. Ein Beispiel ist der folgende Satz: „Justin konnte sich nicht mehr an die Startpistole erinnern." (Z. **45**). Hier erzählt eher ein auktorialer Erzähler von außen, was Justin denkt, und gibt auch seine Gefühle wieder. Der Lauf selbst wird durch die kurzen Signale, die den Gedanken in Justins Kopf entsprechen, nachempfunden: „tick-tock, tick-tock" (Z. 13), **„Lauf!"** (Z. 91), „Lauf, lauf nur immer voran!" (Z. 94). Schon, dass Justin wie eine Maschine (wie ein **„altmodischer Wecker"**, Z. 14) läuft, zeigt, dass er nicht ganz bei sich ist. Justin fühlt sich vielleicht bei seinem Lauf nicht ganz wohl. Es wird etwa gezeigt, wie die anderen ihn wahrnehmen. **Peter** mustert „verwundert die Miene seines Freundes" (Z. 92 f.), Justin muss also in irgendeiner Weise anders schauen als zu erwarten. Justin rast **„blind vor Entsetzen"** (Z. 97) und „sein Magen rebellierte vor Angst" (Z. 111). All dies deutet daraufhin, dass Justin gefühlsmäßig aufgewühlt ist. Um mehr über die Gründe dafür zu erfahren, musst du schon den Roman selbst lesen.

Aufgabe 81

1. Im Jahr 1863 in einer Londoner Bierschenke
2. Football Association (FA)
3. Bei den Chinesen vor mehr als 2 000 Jahren
4. Weil das Volk es so gewalttätig und ungestüm spielte
5. An der Universität Cambridge
6. Zwischen England und Schottland
7. Dick Kerr Ladies
8. 1984
9. In Paris
10. Neukaledonien

Aufgabe 82

Freemason's Tavern: Z. 5
Gemälden: Z. 12 f.
Ch'in-Dynastie: Z. 17
von Frankreich: Z. 22
Päpsten: Z. 27
1863: Z. 36
„nicht damenhaft": Z. 46 f.
28 Jahre später aus der Taufe gehoben: Z. 68 f.
45 Nationen als Mitglieder: Z. 76

ufgabe 83 1863 wurde in einer Londoner Bierschenke die „Football Association" (FA) gegründet. Schon bei den alten Chinesen, Griechen und Römern gab es Spiele, die dem Fußball ähnelten. Im Mittelalter wurde vom Volk eine gewalttätige Art von Fußball gespielt, die z. B. in Frankreich und England verboten wurde, die Adligen spielten in Italien eine zivilisiertere Form. Das erste Länderspiel wurde 1872 zwischen England und Schottland ausgetragen. Frauenfußball wurde lange Zeit als „nicht damenhaft" genug verboten, die erste Europameisterschaft gab es 1984, die erste WM 1991. Fußball wurde in die ganze Welt exportiert. 1904 wurde der Weltfußballverband FIFA gegründet, im Jahr 2004 trat ihm sein 205. Mitglied bei.

ufgabe 84 http://de.fifa.com (31. 3. 2010)
FIFA-Seiten zur Geschichte der FIFA und des Fußballspiels.

http://www.ffnews.de (31. 3. 2010)
Informationen rund um den deutschen Frauenfußball

http://www.weltfussball.de/spieler_profil/felix-magath (31. 3. 2010)
Informationen zu Felix Magaths Fußballkarriere

http://de.fifa.com/mm/document/affederation/federation/81/42/36/lotg_de_55755.pdf (31. 3. 2010)
Offizielle Spielregeln der FIFA vom 1. Juli 2008

ufgabe 85 **So geht's:**

- Übergieße zwei Teebeutel in der Tasse mit wenig heißem Wasser aus dem Wasserkocher. Die Teebeutel sollten gerade so mit Wasser bedeckt sein. Lasse sie etwa zehn Minuten ziehen.
- Zermahle drei Tabletten im Mörser.
- Entferne die Teebeutel aus der Tasse.
- Gib das pulverige Eisenpräparat zu dem Tee.
- Rühre mit einem Teelöffel um, bis keine Klümpchen mehr vorhanden sind. Je länger du die Tinte an der Luft stehen lässt, desto dunkler wird sie.
- Fülle die fertige Tinte in ein kleines Gefäß mit Verschluss.
- Nimm Papier und einen Pinsel oder eine Feder und teste die Tinte.

Aufgabe 86

2 Beutel Schwarztee
1 kleine Tasse
1 Wasserkocher
1 Mörser
1 Stößel
3 Tabletten eines Eisenpräparats (zum Beispiel Eisen(II)sulfat) aus der Apotheke oder Drogerie
1 kleines Gefäß mit Verschluss für die fertige Tinte
Pinsel oder Federn und Federhalter
Schreib- oder Zeichenpapier

Aufgabe 87

Das passiert:
Schwarzer Tee enthält Gallussäure und Gerbstoffe. Mit der Eisenverbindung aus den Tabletten bildet sich ein schwarzer Farbstoff. Die Eisenverbindung muss dazu allerdings erst mit dem Sauerstoff aus der Luft reagieren. Deshalb ist die Tinte zunächst braun oder grau. Wenn du sie eine Weile an der Luft stehen lässt und immer wieder umrührst, wird sie tiefschwarz.

Aufgabe 89

Pferde lieben leise Töne und sind wahre Meister der nonverbalen Kommunikation. Das heißt, sie verständigen sich untereinander durch eine ausgeklügelte Körpersprache. Damit haben sie uns Menschen vieles voraus: Wir spucken meist abgekoppelt von Mimik und Gesten große Töne und drücken uns dabei missverständlich aus. Die Vierbeiner dagegen taxieren auch unsere Körperhaltung und enttarnen Freude, schlechte Stimmung oder Angst.

Aufgabe 90

	Zeichen	Bedeutung
Stimme	Wiehern Brummeln Quieken	• Distanzruf zu Artgenossen • Begrüßen eines Menschen • Stute ruft Fohlen • Ärger / Stute wehrt Hengst ab
Ohren	zur Seite oder nach hinten gekippt nach vorne gespitzt flach nach hinten	• Entspannung • Interesse an der Umwelt • (bei gleichzeitigem Aufrichten des Halses/Kopfes:) Drohgebärde • Drohgebärde
Maul	Unterlippe hängt herunter Anspannen der Unterlippe fest zusammengepresste Lippen / Falten in den Maulwinkeln die gespitzte Oberlippe wird über die Unterlippe vorgezogen	• Entspannung • leichter Unwille • Schmerzen/Unwohlsein • Aufforderung zum Spiel • Betteln
Bewegung	Scharren resolutes Aufstampfen Ausschlagen des Vorderbeins Anheben des Hinterbeins unter Bauch Hinterbein leicht angezogen, Huf auf der Spitze abgestellt gedehnte Haltung / ruhiges Tempo anderes Pferd von hinten verfolgen kraft- und schwungvolle Bewegungen/hoch aufgerichteter Hals	• Aufforderung/Betteln • Ungeduld/Ärger • erste Begegnung mit fremden Pferden • Drohgebärde • Ausruhen • freundschaftliche Annäherung an ein anderes Pferd • Überlegenheit zeigen • Imponiergehabe

Aufgabe 91

Abschnitt 1 (Z. 1–8): Abbildung A
Abschnitt 2 (Z. 8–10): Abbildung B
Abschnitt 3 (Z. 10–12): Abbildung C
Abschnitt 4 (Z. 12–16): Abbildung D

Aufgabe 92

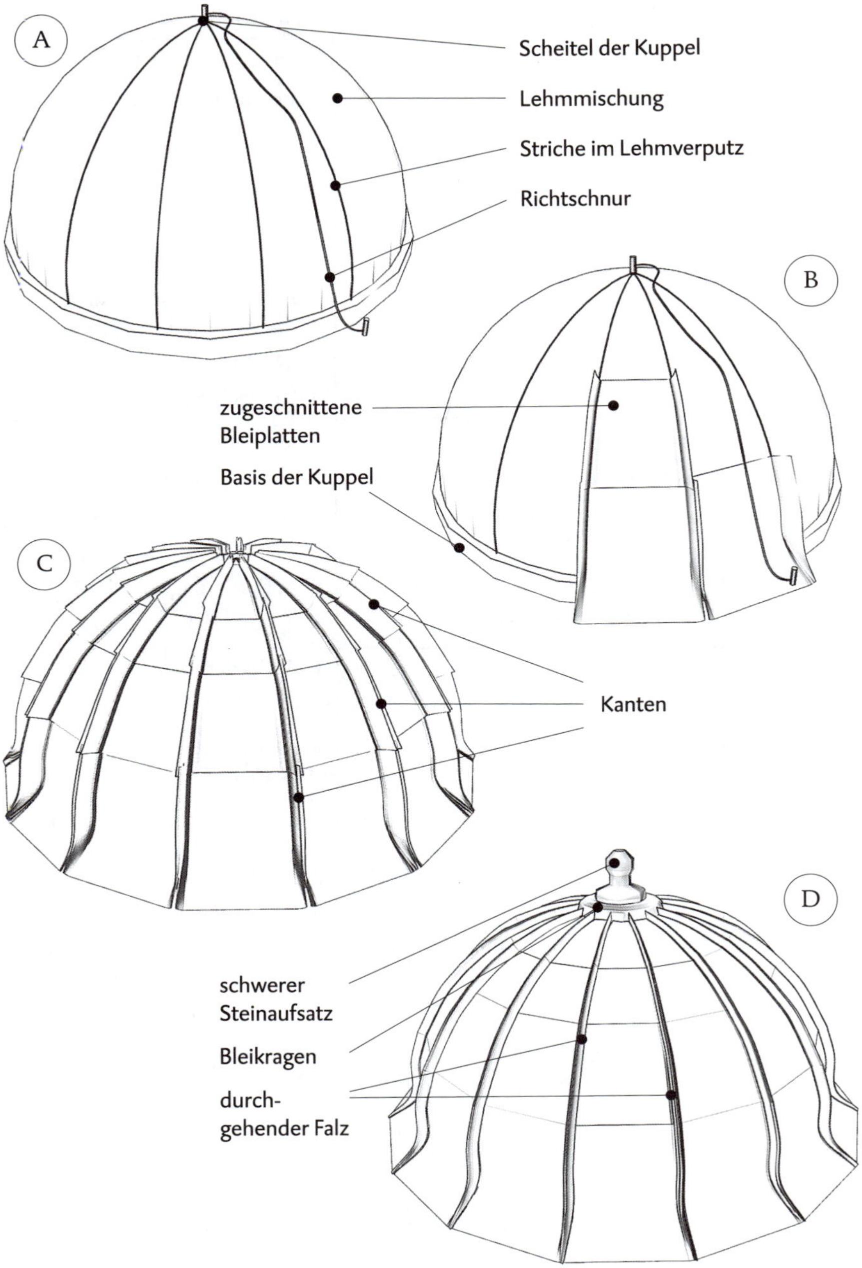
A
Scheitel der Kuppel
Lehmmischung
Striche im Lehmverputz
Richtschnur
B
zugeschnittene Bleiplatten
Basis der Kuppel
C
Kanten
D
schwerer Steinaufsatz
Bleikragen
durchgehender Falz

Ihre Meinung ist uns wichtig!

Ihre Anregungen sind uns immer willkommen. Bitte informieren Sie uns mit diesem Schein über Ihre Verbesserungsvorschläge!

Titel-Nr.	Seite	Vorschlag

Bitte hier abtrennen

Lernen • Wissen • Zukunft
STARK

19-V1M

Bitte ausfüllen und im frankierten Umschlag an uns einsenden. Für Fensterkuverts geeignet.

Zutreffendes bitte ankreuzen!

Die Absenderin/der Absender ist:

- ☐ Lehrer/in in den Klassenstufen: ______
- ☐ Fachbetreuer/in Fächer: ______
- ☐ Seminarlehrer/in Fächer: ______
- ☐ Regierungsfachberater/in Fächer: ______
- ☐ Oberstufenbetreuer/in
- ☐ Schulleiter/in
- ☐ Referendar/in, Termin 2. Staatsexamen: ______
- ☐ Leiter/in Lehrerbibliothek
- ☐ Leiter/in Schülerbibliothek
- ☐ Sekretariat
- ☐ Eltern
- ☐ Schüler/in, Klasse: ______
- ☐ Sonstiges: ______

Unterrichtsfächer: (Bei Lehrkräften!)

______

STARK Verlag
Postfach 1852
85318 Freising

Kennen Sie Ihre Kundennummer?
Bitte hier eintragen.

Absender (Bitte in Druckbuchstaben!)

Name/Vorname

Straße/Nr.

PLZ/Ort/Ortsteil

Telefon privat

Geburtsjahr

E-Mail

Schule/Schulstempel (Bitte immer angeben!)

Bitte hier abtrennen